Globish

The World
Over

By Jean Paul Nerriére and
David Hon

A book written IN Globish

GLOBISH
PARA

EL MUNDO

Por Jean Paul Nerriére y
David Hon

Un libro escrito EN Globish

Globish The World Over

GLOBISH PARA EL MUNDO

ISBN : 978-0-9842732-6-3

ISBN : 978-0-9842732-6-3

International globish Institute

Table of Contents

Índice

Beginning

Comienzo

What if 50% of the world badly needed a certain useful tool, but only 5% could have it?

¿Qué pasaría si el 50% del mundo necesitara, imperiosamente, una herramienta útil, pero sólo el 5% pudiera tenerla?

Someone would find a way. For example, to solve the problem of talking, they gave us handsets for little money and charge us by the minute. But that only does part of it. What will we *say* to each other?

Alguien encontraría una forma. Por ejemplo, para solucionar el problema de la conversación, nos dan un teléfono por apenas monedas pero nos cobran por minuto. Pero eso es sólo una parte del tema. ¿Qué nos *diríamos* uno al otro?

The English language seems to be the most important communication tool for the international world. But now it must be a kind of English which can be learned quickly and used very easily – not like Standard English. The people who know a little are already using what they know. It works for them – a little. But… they often have families and jobs. They cannot spend enough time or enough money to learn all of

El idioma inglés parece ser la herramienta de comunicación más importante para el mundo internacional. Pero, entonces, tiene que ser un tipo de inglés que se pueda aprender con rapidez y usar fácilmente, no como el inglés tradicional. Las personas que lo conocen un poco usan lo que conocen. Funciona para ellos (un poco). Pero…, muchas veces tienen familia y trabajo. No pueden dedicarle el tiempo o el dinero

English. And English speakers think these people will "never be good enough" in English. It is a problem. We think Globish is a solution.

Globish has a different name because it is a very different way to solve the problem of learning English. By the standards of the *Council of Europe Framework of Reference for Languages* :

> (Globish speakers) will use an amount of English that makes understanding between non-native speakers and native speakers. They will produce clear, detailed writing on a wide range of subjects and explain their thoughts, giving good and bad elements of various ideas.

This book is *about* Globish and to demonstrate its value, we'll write this book for you *in Globish*.

necesarios para aprender todo el inglés. Y los angloparlantes piensan que estas personas "nunca serán lo suficientemente buenas" en inglés. Es un problema. Pensamos que Globish es una solución.

Globish tiene un nombre diferente porque es una manera muy diferente de solucionar el problema de aprender inglés. Por los estándares del *Marco común europeo de referencia para las lenguas* :

> (Los hablantes de Globish) utilizarán una cantidad de inglés que lo hará entendible entre hablantes no nativos y hablantes nativos. Producirán una escritura clara y detallada en un amplio espectro de temas y explicarán sus pensamientos, dando buenos y malos elementos sobre diversas ideas.

Este libro es *sobre* Globish y para demostrar su valor, escribiremos este libro para usted *en Globish*.

6

Part 1
The Problem with Learning English

Parte 1
El problema con el aprendizaje del inglés

Chapter 1

Many, Many Languages

A hundred years ago, most human beings could speak two or more languages. At home they spoke a family language. It could be the language their parents spoke when they moved from another place. In many cases, it was a local variation of a language with different words and different pronunciations, what some people might call a dialect or patois. Most villages had such languages. People learned family languages, village languages and sometimes other languages without any problems.

A century ago, for most people the world was not very big, perhaps as big as their nation. They learned their national language and then could communicate with the rest of their world. Many nations had at least one official national

Capítulo 1

Muchos, muchos idiomas

Cien años atrás, la mayoría de los seres humanos podían hablar dos o más idiomas. Podía ser el idioma que hablaban sus padres cuando se mudaban a otro lugar. En muchos casos, era una transformación local de un idioma con diferentes palabras y distintas pronunciaciones, lo que algunas personas llamarían un dialecto o patois. Casi todas las aldeas tenían esos idiomas. La gente aprendía idiomas familiares, el idioma del lugar y, a veces, otros idiomas, sin problema alguno.

Hace un siglo, para la mayor parte de las personas, el mundo no era demasiado grande, tal vez era tan grande como su país. Aprendían su idioma nacional y, entonces, se podían comunicar con el resto de su mundo. Muchos países tenían, al menos, un

language. Many people in their villages also felt a need to speak the national language, and they would learn that national language in schools.

National languages made nation-wide communication possible. In some cases these started as one of the local dialects and were raised to the status of national languages. Or sometimes one "family" was more powerful, and required everyone to speak their way.

Today, the communication problem is the same. Just the scale is different. A century ago, their world was their country. Now their world is.... much more. Most people now speak a local language which is often their national language. Now they must communicate to the whole globe.

idioma nacional oficial. Muchas personas, en sus aldeas, también sentían la necesidad de hablar el idioma nacional y aprendían entonces ese idioma nacional en las escuelas.

Los idiomas nacionales hacían posible la comunicación en toda la nación. En algunos casos empezaban como uno de los **dialectos** locales y eran elevados al estado de idioma nacional. O, a veces, una "familia" era más poderosa y obligaba a todos a hablar a su manera.

Hoy, el problema de la comunicación es el mismo. Sólo la escala es diferente. Hace un siglo, su mundo era su país. Ahora su mundo es... mucho más. La mayoría de las personas hablan ahora un idioma local que frecuentemente es su idioma nacional. Ahora tienen que comunicarse con todo el mundo.

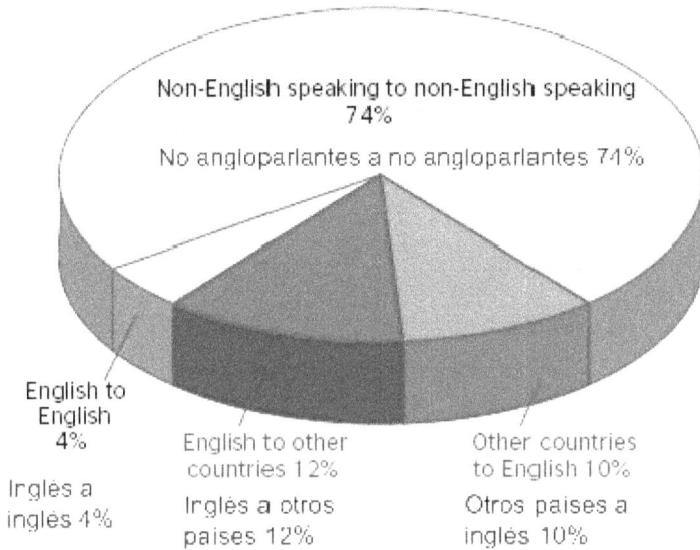

Non-English speaking to non-English speaking
74%

No angloparlantes a no angloparlantes 74%

English to
English
4%

Inglés a
inglés 4%

English to other
countries 12%

Inglés a otros
paises 12%

Other countries
to English 10%

Otros paises a
inglés 10%

In this world, teachers say there are more than 6000 languages. In 45 countries, English is an official language. But not everyone speaks English, even where it is an official language.

Only 12% of the global world has English as a mother tongue. For 88% of us, it is not our first language, our mother tongue.

We know that only 4% of international communication

En este mundo, los docentes dicen que hay más de 6000 idiomas. En 45 países, el inglés es el idioma oficial. Pero no todos hablan inglés, incluso donde es un idioma oficial.

Sólo el 12% de todo el mundo tiene al inglés como lengua materna. Para el 88% de nosotros, no es nuestro primer idioma, nuestra lengua materna.

Sabemos que sólo el 4% de la comunicación internacional

is between native speakers from different English-speaking nations - like Americans and Australians.

So 96% of the international English communication takes place with at least one non-native speaker.

There is a story about a god and a Tower of Babel, where all men could speak to each other using just one language. In the story, he stopped the building of that special Tower.

He said (roughly):

> *"Look, they are one people, and they have all one language. This is only the beginning of what they will do. Nothing that they want to do will be impossible now. Come, let us go down and mix up their languages so they will not understand each other."*

es entre hablantes nativos de diferentes naciones angloparlantes, como estadounidenses y australianos.

Por lo que el 96% de la comunicación internacional en inglés se lleva a cabo con, al menos, un hablante no nativo.

Hay un cuento sobre un dios y una Torre de Babel, donde todos los hombres podían comunicarse entre sí utilizando un solo idioma. En el cuento, él detuvo la construcción de esa torre especial.

Dijo (aproximadamente)

> *"Miren, son un solo pueblo y tienen un solo idioma. Esto es sólo el comienzo de lo que harán. Nada de lo que quieran hacer les será imposible ahora.*
> *Vengan, descendamos y mezclemos sus idiomas para que no puedan comprenderse unos a otros".*

In the past, there have been many strong languages and attempts to create a common worldwide language. Some worked well, but some not all. The Greek language was used as the "lingua franca" in the days of the Romans. Non-Romans and others read the first Christian books in Greek. Modern Romans speak Italian, but until lately Catholics celebrated Christian ceremonies in Latin, the language of the ancient Romans.

French was the language of upper class Europeans for several hundred years. It was used for international government relations until 1918. Many thought it was clearly the best language for all international communication. Tsarina Catherine of Russia and Frederick the great of Prussia used to speak and write very good French, and made a point to use it with foreigners. A friendly competition took place at the king's court in France in 1853

En el pasado, ha habido muchos idiomas poderosos e intentos de crear un idioma común para todo el mundo. Algunos funcionaron bien, pero no todos. El idioma griego fue usado como **"lengua franca"** en la época de los romanos. Los que no eran romanos y otros leyeron los primeros libros cristianos en griego. Los romanos modernos hablan italiano, pero hasta no hace mucho los católicos celebraban sus ceremonias en latín, el idioma de los antiguos romanos.

El francés fue el idioma de los europeos de clase alta por algunos cientos de años. Fue utilizado para las relaciones internacionales de los gobiernos hasta 1918. Muchos pensaron que era, claramente, el mejor idioma para toda comunicación internacional. La zarina Catalina de Rusia y Federico el Grande de Prusia hablaban y escribían francés muy bien y se esforzaban para utilizarlo con los extranjeros. En 1853, se llevó a cabo una competencia amistosa en la

to find the person who used the best French. The winner was not Emperor Napoleon the Third, or his wife Eugénie. Instead, it was the Austrian statesman Klemens Wenzel von Metternich.

About this time, in the Age of Reason, humans began to think they could do anything. They discovered drugs that would cure diseases. They could grow food in all weather. Their new steam-ships could go anywhere without wind. So then some people thought: **How difficult could it be to create a new language, one that would be easy and useful for all people?**

corte del rey en Francia, para encontrar a la persona que utilizara el mejor francés. El ganador no fue el Emperador Napoleón III ni su esposa Eugenia. En cambio, lo fue el estadista austríaco Klemens Wenzel von Metternich.

Hoy en día, en la Edad de la Razón, los humanos han empezado a pensar que lo pueden todo. Han descubierto medicamentos que curan enfermedades. Pueden producir alimentos en todo tipo de clima. Sus nuevos barcos a vapor pueden ir a cualquier lugar sin necesidad del viento. Entonces, algunas personas pensaron: **¿Cuán dificultoso podrá ser crear un idioma nuevo, uno que pueda ser fácil y útil para todas las personas?**

Technical Words
  Chapter - people divide large books into smaller chapters
  Dialect - a different way of speaking a mother tongue
  Patois - a way of speaking in one region
  Lingua franca - a Latin word for a global language
  Pronunciation - the way we say sounds when we speak

International Words
  Planet - a space globe that moves around the Sun

Chapter 2
Esperanto vs...the World?

Natural languages come from unwritten languages of long ago, in the Stone Age. They are easy to learn naturally but hard to learn as a student. That is why many people have tried to invent a simple language that is useful and simple to learn. Perhaps the most famous of these *invented* languages is "Esperanto." It was developed between 1880 and 1890 by Doctor Ludovic Lazarus Zamenhof. He was a Russian eye doctor in Poland. He said his goal was to create communication and culture-sharing among all the people of the world. He thought the result would be understanding by everyone. That would mean everyone would have sympathy with everyone else and this would avoid future wars.

Capítulo 2
El esperanto vs... ¿el mundo?

Los idiomas naturales provienen de lenguas no escritas desde hace mucho tiempo, en la Edad de Piedra. Son fáciles de aprender en forma natural pero difíciles de aprender como estudiante. Es por eso que muchas personas han intentado inventar un idioma simple que fuera útil y fácil de aprender. Quizás el más famoso de estos idiomas *inventados* es el "esperanto". Fue desarrollado entre 1880 y 1890 por el Doctor Ludovic Lazarus Zamenhof. Era un médico oculista ruso radicado en Polonia. Decía que su objetivo era crear una comunicación y una cultura común entre todas las personas del mundo. Pensó que el resultado sería el entendimiento entre todos. Lo que significaría que todos comprenderían a los demás y esto evitaría guerras futuras.

Here is a example of Esperanto:

En multaj lokoj de Ĉinio estis temploj de drako-reĝo. Dum trosekeco oni preĝis en la temploj, ke la drako-reĝo donu pluvon al la homa mondo.

Easy for you to say... perhaps. But there was one big problem with Esperanto. No one could speak it. Well, not really *no* one.

After more than a century, there are about 3 million people who can speak Esperanto. And that is in a world of nearly 7 *billion* people. Sadly, many wars later, we have to admit the *idea did not work as expected.*

He aquí un ejemplo de esperanto:

En multaj lokoj de Ĉinio estis temploj de drako-reĝo. Dum trosekeco oni preĝis en la temploj, ke la drako-reĝo donu pluvon al la homa mondo.

Fácil de decir... quizás. Pero había un gran problema con el esperanto. Nadie lo podía hablar. Bueno, no realmente *nadie.*

Después de más de un siglo, hay 3 millones de personas, aproximadamente, que pueden hablar esperanto. Y eso, en un mundo de cerca de 7 *mil millones* de personas. Lamentablemente, muchos años después, debemos admitir que *la idea no funcionó como se esperaba.*

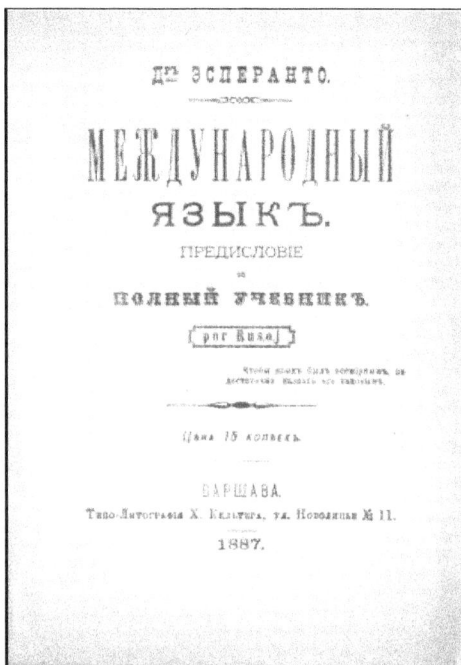

The 1st Esperanto book from Dr. Zamenhof

El primer libro en esperanto del Dr. Zamenhof

For a while, Esperanto was an official project in the USSR, and in the People's Republic of China. It is long forgotten in those countries now. There are no Esperanto guides in the Moscow or Shanghai railway stations to help passengers find their trains. We can only wonder what the world would be like if the Soviets had chosen Globish instead…

Por un tiempo, el esperanto fue un proyecto oficial en la URSS y en la República Popular China. Hace mucho tiempo que se lo tiene olvidado en esos países. No existen avisos en esperanto en las estaciones de tren de Moscú o Shangai para ayudar a los pasajeros a encontrar los trenes. Sólo nos podemos preguntar cómo sería el mundo hoy si los Soviéticos hubieran elegido Globish en su lugar...

There are still people who believe in Esperanto. They still have their "special" language. Sometimes Esperantists make news when they speak out against Globish -- using English, of course. Thus any major newspaper story about Globish and Esperanto clearly demonstrates that Esperanto is not working. And it helps show that Globish gives us an opportunity to have - finally - a real global communication tool.

Aún hay gente que cree en el esperanto. Mantienen aún su idioma "especial". Hay veces en que los esperantistas son noticia cuando hablan en contra de Globish (utilizando el inglés, por supuesto). Por lo tanto, cualquier noticia periodística importante sobre Globish y esperanto demuestra claramente que el esperanto no funciona. Y ayuda a demostrar que Globish nos da la oportunidad de tener, finalmente, una verdadera herramienta para la comunicación global.

International Words
Million = 1,000,000
Billion = 1,000,000,000

Chapter 3
Thinking Globally

It would be difficult for all people in the world to have one official language. Who would say what that language must be? How would we decide? Who would "own" the language?

Most people today speak only their one national language. This is especially true with native English speakers. They observe that many people in other countries try to speak English. So they think they do not need to learn any other language. It appears to be a gift from their God that they were born ready for international communication. Perhaps, unlike others in the world, they do not have to walk half the distance to communicate with other cultures. Perhaps English IS the place everyone else must come to. Perhaps…. All others are unlucky by birth.

Capítulo 3
El pensamiento global

Sería difícil que todas las personas del mundo tuvieran un solo idioma oficial. ¿Quién diría qué idioma debería ser? ¿Cómo lo decidiríamos? ¿Quién sería "el dueño" del idioma?

La mayoría de las personas habla hoy solamente su idioma nacional. Esto es cierto, especialmente con los angloparlantes nativos. Ellos ven que muchas personas en otros países tratan de hablar inglés. Por ello, piensan que no necesitan aprender otro idioma. Parece ser un regalo de Dios el haber nacido listos para la comunicación internacional. Quizás, no como otros en el mundo, no necesiten recorrer ese camino para comunicarse con otras culturas. Tal vez el inglés ES el lugar adonde todos los demás deben acudir. Quizás… Los demás son desafortunados de

But *perhaps* there is more to the story…

It does seem English has won the competition of global communication. Although it used to give people an edge in international business, one observer now states it this way:

> *"It has become a new baseline: without English you are not even in the race."*

So now the competition is over. No other language could be more successful now. Why is that?

The high situation of English is now recognized because communication is now global, and happens in one second.

There have been periods in history where one language seemed to have worldwide acceptance. But, in all these periods, the "world" covered by one of these languages was not the whole planet.

nacimiento. Pero, *quizás,* haya algo más para contar...

Parece ser que el inglés ha ganado la competencia en las comunicaciones globales. Aunque solía dar a las personas una ventaja en los negocios internacionales, ahora un observador lo expresa de esta manera:

> *"Se ha vuelto un nuevo punto de referencia: sin inglés no participa ni siquiera de la carrera".*

Ahora la competencia ha terminado. Ningún otro idioma podrá ser ya más exitoso. ¿Por qué es esto?

La situación preponderante del inglés es reconocida ahora porque, en la actualidad, la comunicación es global y ocurre en segundos.

Hubo períodos en la historia en los que un idioma pareció tener la aceptación de todo el mundo. Pero, en todos estos períodos, el "mundo" cubierto por uno de estos idiomas no abarcaba todo el planeta.

Chinese was not known to Greeks in the time of the Roman Empire. The hundreds of Australian languages were not known to Europeans when they settled there. Japanese people did not learn and speak French in the 18th century.

Then, much communication was a matter of time and distance. Now, for the first time, communication has no limits on our Earth. 200 years ago it took more than six months to get a message from Auckland, New Zealand, to London. In our global world,

El chino no era conocido por los griegos en los tiempos del Imperio Romano. Los cientos de idiomas australianos no eran conocidos por los europeos cuando se establecieron allí. Los japoneses no aprendían ni hablaban francés en el siglo XVIII. Entonces, gran parte de la comunicación era cuestión de tiempo y distancia. Ahora, por primera vez, las comunicaciones no tienen límites en nuestra Tierra. Hace 200 años, tomaba más de 6 meses recibir un mensaje de Auckland, Nueva Zelanda, a

a message goes from Auckland to London in less than a second.

As Marshall McLuhan said in his book *The Guttenberg Galaxy*, this world is now just the size of a village – a "global village." In a village, all people communicate in the language of the village. All nations now accept English as the communication tool for our global village.

Some people dislike that fact a lot. They want to keep their language, and even to avoid English. And, there are people who do not care at all, and they do not see what is happening or what it means.

Finally, there are people who accept it, and even benefit from it. Many Chinese, Spanish and German people realize their language is not global and so they are learning English. They speak about their wonderful culture in English but they also continue to speak their first language.

Londres. En nuestro mundo global, un mensaje va de Auckland a Londres en menos de un segundo.

Como dijo Marshall McLuhan en su libro *La Galaxia Guttenberg*, este mundo es ahora del tamaño de un pueblo: una "aldea global". En un pueblo, todas las personas se comunican en el idioma de ese pueblo. Todas las naciones aceptan hoy al inglés como la herramienta de comunicación para nuestra aldea global.

A algunas personas les desagrada mucho este hecho. Quieren mantener su idioma e, incluso, evitar el inglés. Y hay personas a las que no les importa en absoluto y no ven lo que está sucediendo o su significancia.

Finalmente, hay personas que lo aceptan e, incluso, se benefician de ello. Muchas personas chinas, españolas y alemanas se dan cuenta de que su idioma no es global, por lo que están aprendiendo inglés. Hablan en inglés de su maravillosa cultura pero, a su vez, continúan hablando su primera lengua.

We can be very confident this situation will not change. With all the people now learning English as a second language, and there will be no need to change. As in the past, people will speak more than one language as children.

Leading economic powers, such as China, Brazil, India, Russia, and Japan will have many people speaking English. No one is going to win markets now with military battles.

And no one will need to change languages, as used to happen. Now nations will try to win hearts and minds with their better, less expensive products. It is a new world now, and maybe a better one.

Podemos estar seguros de que esta situación no cambiará. Con todas las personas aprendiendo ahora inglés como segunda lengua, no habrá necesidad de cambiar. Como en el pasado, las personas hablarán más de un idioma desde que son niños.

Naciones líderes en economía, tales como China, Brasil, India, Rusia y Japón, tandrán mucha gente hablando inglés. Nadie ganará mercados hoy con batallas militares.

Y nadie necesitará cambiar idiomas, como solía suceder. Ahora las naciones tratarán de ganar los corazones y las mentes con sus productos, mejores y más baratos. Hoy en día hay un nuevo mundo, tal vez sea uno mejor.

Language Used In Business Communication

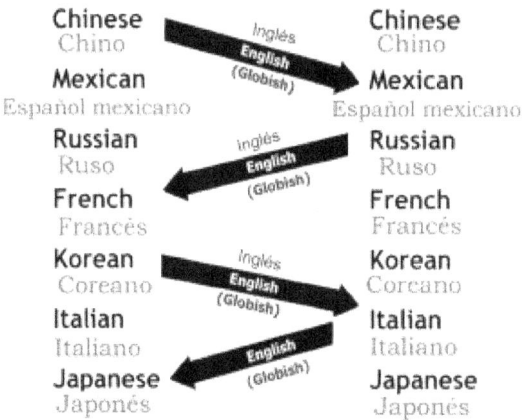

Chinese
Chino
Mexican
Español mexicano

Inglés
English
(Globish)

Chinese
Chino
Mexican
Español mexicano

Russian
Ruso
French
Francés

Inglés
English
(Globish)

Russian
Ruso
French
Francés

Korean
Coreano
Italian
Italiano
Japanese
Japonés

Inglés
English
(Globish)

English
(Globish)

Korean
Coreano
Italian
Italiano
Japanese
Japonés

23

Still, many people will continue to learn Chinese or Spanish or Russian. They will do this to understand other cultures. But it will be of less help in doing worldwide business. In an international meeting anywhere, there will always be people who do not speak the local language.

Everyone in this meeting will then agree to change back to English, because everyone there will have acceptable English.

Today, Mandarin Chinese is the language with the most speakers. After that is Hindi, and then Spanish. All three of them have more native speakers than English. But Hindi speakers talk to Chinese speakers in English and Spanish speakers communicate to Japanese speakers in English.

They cannot use their own languages so they must use the most international language to do current business. That is why English is now locked into its important position the world

Aún así, muchas personas continuarán aprendiendo chino, español o ruso. Lo harán para entender otras culturas. Pero será de poca utilidad para realizar negocios internacionales. En una reunión internacional en cualquier lugar, siempre habrá gente que no hable el idioma local.

En esta reunión todos estarán de acuerdo en volver al inglés, porque todos allí tendrán un inglés aceptable.

Hoy, el chino mandarín es el idioma con mayor cantidad de hablantes. Después de él se encuentra el hindi y, después, el español. Los tres tienen más hablantes nativos que el inglés. Pero los que hablan hindi hablan con los que hablan chino en inglés, y los que hablan español se comunican con los que hablan japonés en inglés.

No pueden utilizar sus propios idiomas por lo que tienen que utilizar el idioma más internacional para realizar negocios en la actualidad. Es por ello que el

over.

Sometimes we wonder if it is good that English won the language competition. We could argue that it is not the right language. It is far too difficult, with far too many words (615,000 words in the Oxford English Dictionary…and they add more each day.)

Too many irregular verbs. The grammar is too difficult. And most importantly, English does not have good links between the written and the spoken language. Why do the letters "ough" have four different pronunciations ("cough, tough, though, through") Why is a different syllable stressed in photograph, photography and photographer? And why is there not a stress mark? Why doesn't "Infamous" sound like "famous?" or "wilderness" like "wild?" Why isn't "garbage" pronounced like "garage", or "heathen" like "heather"?

inglés se encuentra ahora ubicado en esa importante posición en todo el mundo.

A veces nos preguntamos si es bueno que el inglés ganara la competencia idiomática. Se puede argumentar que no es el idioma adecuado. Es, lejos, demasiado difícil, con demasiadas palabras (615.000 palabras en el Diccionario Oxford de Inglés... y se agregan más cada día).

Demasiados verbos irregulares. La gramática es muy difícil. Y más importante aún, el inglés no tiene buenos vínculos entre el idioma escrito y el hablado. ¿Por qué la combinación de letras "ough" tiene cuatro **pronunciaciones** distintas? ("cough, tough, though, through"). ¿Por qué hay una acentuación diferente de la **sílaba** en palabras como "**pho**tograph, pho**to**graphy y pho**to**grapher"? ¿Y por qué no hay un acento escrito? ¿Por qué "Infamous" no suena como "famous" o "wilderness" como "wild"? ¿Por qué "garbage" no se pronuncia como "garage", o

English was never expected to make sense to the ear. Pronunciation in English is a horrible experience when you have not been born into that culture. Yet it appears to sound natural to native English speakers.

Some languages, like Italian, German, and Japanese, can match written words to the way they are spoken. So it may appear unlucky for us that one of them did not win it all. Italian, for example, is a language where every letter, and every group of letters, is always *pronounced* the same way. When you are given an Italian document, you can *pronounce* it once you understand a limited number of fixed rules. In English you have to learn the *pronunciation* of every word.

Many English words are borrowed from other

languages, and they sometimes keep their old pronunciation and sometimes not. English words cannot be written so the stressed syllables are shown. All non-native English speakers know that they may have to sleep without clothes if they try to buy "pajamas." Where is the mark to show what we stress in "pajamas?" So, the borrowed word "pajamas" would be better written as *pa-JA-mas*. In English you must learn exactly which syllable gets the stress, or *no one* understands you.

But Italian, German, or Japanese did not win the language competition. English did. Luckily, this does not mean that there are people who won and people who lost. In fact, we will show that the people whose language seemed to win did not, in fact, improve their positions. The other people won, and those non-native speakers will soon win even more. This is one of the many "Globish Paradoxes."

idiomas y, a veces, mantienen su pronunciación original y otras, no. Las palabras inglesas no pueden escribirse mostrando las sílabas acentuadas. Todo angloparlante no nativo sabe que, probablemente, deba dormir sin ropas si intenta comprar "pajamas". ¿Dónde está la marca para indicarnos dónde acentuar "pajamas"? Por ello, la palabra prestada "pajamas" estaría mejor escrita *pa-JA-mas*. En inglés usted debe aprender exactamente qué **sílaba acentuar** o **nadie** lo entenderá.

Pero el italiano, el alemán o el japonés no ganaron la competencia lingüística. El inglés lo hizo. Afortunadamente, esto no significa que haya personas que ganaron y personas que perdieron. De hecho, demostraremos que las personas cuyo idioma pareciera haber ganado no mejoraron, en realidad, sus posiciones. Las otras personas ganaron y esos hablantes no nativos pronto ganarán aún más. Esta es una de las muchas "Paradojas de Globish".

iranian.com 2005

Free Political Prisoners / Libertad a los presos políticos

Technical

Grammar - the structure of words in a sentence.

Pronounce - to speak accurate sounds in a language

Stress - making a heavy tone on one syllable of a word

Syllable - a part of a word you are saying

Paradox - something that sounds correct but is really the opposite like: *winning is really losing*

Verb - the part of speech that tells the action in a sentence.

International

Pajamas - clothes you wear to bed at night

Chapter 4

The Native English Speakers' Edge is Their Problem

Speaking an extra language is always good. It makes it easier to admit that there are different ways of doing things. It also helps to understand other cultures, to see why they are valued and what they have produced. You can discover a foreign culture through traveling and translation. But truly understanding is another thing: that requires some mastery of its language to talk with people of the culture, and to read their most important books. The "not created here" idea comes from fear and dislike of foreign things and culture. It makes people avoid important ideas and new ways of working.

Capítulo 4

La ventaja de los hablantes nativos de inglés es el problema

Hablar un idioma adicional siempre es bueno. Facilita admitir que hay maneras diferentes de hacer las cosas. También ayuda a entender a otras culturas, ver por qué son valoradas y qué han producido. Se puede descubrir una cultura extranjera a través de los viajes y de la traducción. Pero la verdadera comprensión es otra cosa: eso requiere un cierto dominio del idioma para hablar con gente de la cultura y leer sus libros más importantes. La idea del "no hecho aquí" proviene del temor y de la aversión a las cosas extranjeras y a otra cultura. Hace que la gente eluda ideas importantes y nuevas formas de trabajo.

Native English speakers, of course, speak English most of the time - with their families, the people they work with, their neighbors, and their personal friends. Sometimes they talk to non-native speakers in English, but most English speakers do not do this often. On the other hand, a Portuguese man speaks English most often with non-native English speakers. They all have strange accents. His ears become sympathetic. He learns to listen and understand and not be confused by the accent. He learns to understand a Korean, a Scotsman or a New Zealander with strong local accents. And he learns to understand the pronunciations of others learning English. Often, he understands accents much better than a native English speaker.

It is a general observation that the person who already speaks five languages has very little difficulty learning the sixth one. Even the

Los angloparlantes nativos, naturalmente, hablan inglés la mayor parte del tiempo, con sus familias, la gente con la que trabajan, sus vecinos y amigos. A veces, hablan en inglés a angloparlantes no nativos, pero la mayoría de los angloparlantes no lo hacen muy a menudo. Por otro lado, un portugués habla más seguido inglés con un angloparlante no nativo. Tienen acentos extraños. Los oídos se vuelven receptivos. Aprende a escuchar y a comprender y a no confundirse por el acento. Aprende a entender a un coreano, a un escocés o a un neocelandés con fuertes acentos locales. Y aprende a entender la pronunciación de otros que aprenden inglés. A menudo, entiende los acentos mucho mejor que un angloparlante nativo.

Se suele decir que la persona que habla cinco idiomas tiene muy poca dificultad para aprender el sexto. Incluso la persona que domina dos

person who masters two languages is in a much better position to learn a third one than the countryman/countrywoman who sticks only to the mother tongue. That is why it is too bad people no longer speak their local patois. The practice almost disappeared during the 20th century.

Scientists tell us that having a second language seems to enable some mysterious brain connections which are otherwise not used at all. Like muscles with regular exercise, these active connections allow people to learn additional foreign languages more easily.

Now that so many people migrate to English-speaking countries, many of the young people in those families quickly learn English. It is estimated, for example, that 10% of all younger persons in the UK still keep another language

idiomas está en una mejor posición para aprender un tercero que el compatriota que se aferra sólo a la lengua materna. Por eso, es una lástima que la gente no continúe hablando su dialecto local. Esta costumbre casi ha desaparecido en el Siglo XX.

Los científicos dicen que conocer un segundo idioma parece permitir algunas conexiones misteriosas del cerebro que, de otra manera, no serían utilizadas en absoluto. Como los músculos ejercitados con regularidad, esas conexiones activas permiten a las personas aprender idiomas extranjeros adicionales con más facilidad.

Ahora que tanta gente emigra a países de habla inglesa, muchos de los jóvenes de esas familias aprenden inglés rápidamente. Se estima, por ejemplo, que el 10% de la gente jóven en el Reino Unido aún mantiene otro

after they learn English. Probably similar figures are available in the US. Those children have an extra set of skills when speaking to other new English language learners.

The British Council is the highest authority on English learning and speaking. It agrees with us in its findings. David Graddol of the British Council is the writer of English Next, which is a major study from the British Council. Graddol said (as *translated into Globish*):

> "(Current findings)... should end any sureness among those people who believe that the global position of English is completely firm and protected. We should not have the feeling that young people of the United Kingdom do not need abilities

idioma después de que aprenden inglés. Probablemente, existan cifras similares en los Estados Unidos. Esos niños tienen una serie de habilidades adicionales cuando hablan con otros nuevos estudiantes del idioma inglés.

El Consejo Británico es la más alta autoridad para el aprendizaje y el habla del inglés. Está de acuerdo con nosotros en sus conclusiones. David Graddol del Consejo Británico es el escritor de English Next, que es una importante investigación del Consejo Británico. Graddol dijo (según su *traduccción al Globish*):

> "(Las últimas conclusiones) ...deberían dar por terminada la seguridad de aquellas personas que creen que la posición global del inglés está firme y protegida. No deberíamos tener la sensación de que los jóvenes del Reino Unido no necesitan

in additional languages besides English."

habilidades en idiomas adicionales aparte del inglés"

Graddol confirms:

Graddol confirma:

"Young people who finish school with only English will face poor job possibilities compared to able young people from other countries who also speak other languages. Global companies and organizations will not want young people who have only English.

Anyone who believes that native speakers of English remain in control of these developments will be very troubled. This book suggests that it is native speakers who, perhaps, should be the most worried. But the fact is that the future development of English is now a

"La gente joven que termina la escuela conociendo sólo inglés, enfrentará escasas posibilidades de trabajo en comparación a jóvenes capaces de otros países, que también hablan otros idiomas. Las compañías y organizaciones globales no querrán gente joven que sólo hable inglés.

Cualquiera que crea que los angloparlantes nativos mantienen el control de estos desarrollos, estará muy confundido. Este libro sugiere que son los hablantes nativos los que, quizás, tendrían que estar más preocupados. Pero el hecho es que el futuro desarrollo del

global concern and should be troubling us all.

English speakers who have only English may not get very good jobs in a global environment, and barriers preventing them from learning other languages are rising quickly. The competitive edge (personally, organizationally, and nationally) that English historically provided people who learn it, will go away as English becomes a near-universal basic skill.

English-speaking ability will no longer be a mark of membership in a select, educated, group. Instead, the lack of English now threatens to leave out a minority in

inglés es ahora un asunto global y nos debería preocupar a todos

Los angloparlantes que sólo saben inglés puede que no obtengan muy buenos trabajos en un entorno global y los obstáculos que les impiden aprender otros idiomas surgen rápidamente. Las ventajas competitivas (a nivel personal, organizativo y nacional) que, históricamente, el inglés proporcionó a la gente que lo aprendió, se perderán en tanto y en cuanto el inglés se convierta en una capacidad casi universal.

La capacidad de hablar inglés ya no será una señal de pertenencia a un grupo selecto y educado. En su lugar, en la mayor parte de los países, el no hablar inglés amenaza

most countries rather than the majority of their population, as it was before.

Native speakers were thought to be the "gold standard" **(idioms remain in this section);** *as final judges of quality and authority. In the new, quickly-appearing environment, native speakers may increasingly be indentified as part of the problem rather than being the basic solution. Non-native speakers will feel these "golden" native speakers are bringing along "cultural baggage" of little interest, or as teachers are "gold-plating" the teaching process.*

ahora con dejar afuera a una minoría más que a una mayoría de su población, como era antes.

Se pensaba que los hablantes nativos eran la "estándar de oro" **(las expresiones idiomáticas se encuentran en este grupo)** *como jueces de última instancia en calidad y autoridad. En el nuevo entorno de rápida aparición, se identifica, cada vez más, a los hablantes nativos como parte del problema, más que como la solución esencial. Los hablantes no nativos sentirán que estos hablantes nativos "de oro" traen consigo un "bagaje cultural" de poco interés o, como docentes, están dando solamente "un baño de oro" a los procesos de enseñanza.*

Traditionally, native speakers of English have been thought of as providing the authoritative standard and as being the best teachers. Now, they may be seen as presenting barriers to the free development of global English.

We are now nearing the end of the period where native speakers can shine in their special knowledge of the global "lingua franca."

Now David Graddol is an expert on this subject. But he is also an Englishman. It would be difficult for him - or any native English speaker - to see all that non-native speakers see... and see differently.

For example, non-native speakers see how native English speakers believe that their pronunciation is the

Tradicionalmente, a los angloparlantes nativos se los ha considerado como proveedores del estándar autorizado y como los mejores docentes. Ahora, se puede considerar que presentan impedimentos al libre desarrollo del inglés global.

Nos acercamos ahora al fin del período en el que los hablantes nativos pueden brillar por su especial conocimiento de la "lengua franca" global.

Ahora bien, David Graddol es un experto en esta materia. Pero también es inglés. Sería difícil para él (o para cualquier angloparlante nativo) ver todo aquello que esos angloparlantes no nativos ven... y ven de manera diferente.

Por ejemplo, los hablantes no nativos ven cómo los angloparlantes nativos creen que su pronunciación es la

only valid one. Pronunciation is not easy in English. There are versions of English with traditional or old colonial accents. Many different British accents were mixed in the past with local languages in colonies such as America, India, South Africa, Hong Kong, Australia, or New Zealand. Today more accents are becoming common as English gets mixed with the accents from other languages. Learners of English often have to struggle to hear "native" English and then to manage the different accents. Learners often learn English with the older colonial accents or newer accents. Not many people now speak English like the Queen of England.

Also, native speakers often use their local idioms as if they are universal. (Like saying that someone who dies is "biting the dust". How long does it take to

única válida. La pronunciación no es fácil en inglés. Hay versiones de inglés con acentos tradicionales o antiguos de las colonias. Muchos acentos británicos distintos se mezclaron, en el pasado, con idiomas locales, en colonias como América, India, Sudáfrica, Hong Kong, Australia o Nueva Zelanda. En la actualidad, más acentos se vuelven comunes a medida que el inglés se mezcla con los acentos de otros idiomas. Con frecuencia, los estudiantes de inglés tienen que esforzarse para escuchar inglés "nativo" y luego manejar los distintos acentos. A menudo, los estudiantes aprenden inglés con el acento colonial antiguo o con acentos más nuevos. No muchas personas hablan hoy el inglés como la Reina de Inglaterra.

Además, los hablantes nativos suelen usar sus expresiones idiomáticas como si fueran universales. (Como decir que alguien que muere "muerde el polvo". ¿Cuánto tiempo lleva

explain what these really mean? The modern global citizen does not need language like that.)

Non-native speakers also observe this: that most native speakers believe they are English experts because they can speak English so easily. Language schools in non-English-speaking countries often have native English speakers as teachers. They are said to be the "gold standard" (an *idiom!*) in English.

But these native speakers are not always trained teachers. Often all they have is their ability to pronounce words. They do not know what it is like to learn English. In the end result, a teacher needs to know how to teach. So sometimes non-native English speakers become better teachers of English than people with the perfect UK, or US, or South African English pronunciation.

explicar lo que esto significa realmente? El ciudadano global moderno no necesita un lenguaje de este tipo).

Los hablantes no nativos también ven esto: que la mayoría de los hablantes nativos creen que son expertos en inglés porque pueden hablarlo fácilmente. Las escuelas de idiomas en países que no son de habla inglesa, a menudo tienen angloparlantes nativos como profesores. Se dice que son la "estándar de oro" (¡una *expresión idiomática!*) en inglés.

Pero estos hablantes nativos no son siempre docentes entrenados. Con frecuencia, todo lo que tienen es su habilidad para pronunciar las palabras. No saben lo que es aprender inglés. En conclusión, un docente necesita saber cómo enseñar. Por lo que, a veces, los hablantes no nativos se convierten en mejores profesores de inglés que las personas con una pronunciación perfecta del Reino Unido, de Estados Unidos o de Sudáfrica.

Cost of Learning English

Costo para aprender inglés

| Cost to Learn GLOBISH | Costo para aprender Globish

$ $$ $$$ $$$$

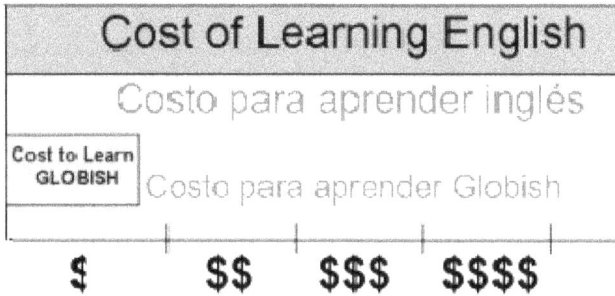

In the past, English schools have made a lot of money using native speakers to teach English. Thus the students always work towards a goal that is always out of reach. Probably none of these students will ever speak the Queen's English. To achieve that you must be born not far from Oxford or Cambridge. Or, at a minimum, you must have learned English when your voice muscles were still young. That means very early in your life, before 12 years old. Learning to speak without an accent is almost impossible. You will always need more lessons, says the English teacher who wants more work.

But here is the good news:

En el pasado, las escuelas inglesas hicieron mucho dinero utilizando hablantes nativos para enseñar inglés. Por lo tanto, los estudiantes trabajaron siempre tras un objetivo que estaba fuera de su alcance. Probablemente, ninguno de estos estudiantes hablará alguna vez el inglés de la Reina. Para lograr eso, debería haber nacido cerca de Oxford o Cambridge. O, como mínimo, haber aprendido inglés cuando los músculos de la voz aún eran jóvenes. Eso significa muy temprano en la vida, antes de los 12 años. Aprender a hablar sin acento es casi imposible. Siempre necesitará más lecciones, dice el profesor de inglés, que quiere tener más trabajo.

Pero he aquí la buena noticia:

Your accent just needs to be "understandable"...not perfect. Learners of English often need to stop and think about what they are doing. It is wise to remember to ask: how much English do I *need*? Do I need *all* the fine words and perfect pronunciation? Perhaps not....

su acento sólo necesita ser "comprensible"... no perfecto. A veces, los estudiantes de inglés necesitan detenerse a pensar acerca de lo que están haciendo. Es prudente preguntarse de vez en cuando: ¿cuánto inglés *necesito*? ¿Necesito *todas* las palabras elocuentes y la pronunciación perfecta? Tal vez no...

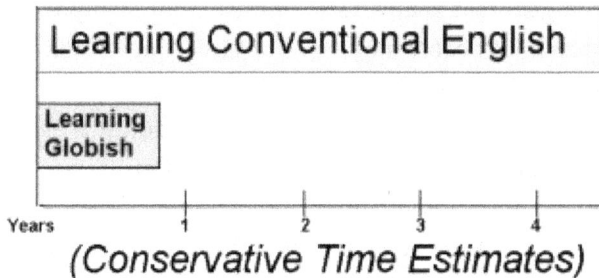

Learning Conventional English

Learning Globish

Years 1 2 3 4

(Conservative Time Estimates)

Technical

Idiom - a term for the use of colorful words which may not be understood by non-native speakers.

Lesson - one section of a larger course of study

International

Migrate - to move your home from one country to another. Also: an immigrant is a person who migrates.

Chapter 5

The English Learners' Problem... Can Be Their Edge

Some very expert English speakers take pride in speaking what is called "plain" English. They recommend we use simple English words, and to avoid foreign, borrowed words for example. So speaking plain English is not speaking bad English at all, and might even be speaking rather good English. Using unusual or difficult words does not always mean you know what you are talking about. In many cases, "plain" English is far more useful than other English. The term "Plain English" is the name of a small movement, but the term is most often used between native speakers to tell each other that the subject is too difficult. They say: *"Just tell me in plain English!"*

Capítulo 5

El problema de los estudiantes de inglés puede ser la ventaja

Algunos angloparlantes muy expertos están orgullosos de hablar lo que ellos llaman un inglés "sencillo". Recomiendan el uso de palabras inglesas simples y evitar tomar prestadas palabras extranjeras, por ejemplo. Por lo que hablar un inglés sencillo no es en absoluto hablar un mal inglés e, incluso, puede ser un inglés bastante bueno. Utilizar palabras inusuales o difíciles no siempre significa saber de que se está hablando. En muchos casos, el inglés "sencillo" es mucho más útil que otras variedades. El término "inglés sencillo" es el nombre de un pequeño movimiento, pero el término se usa con más frecuencia entre los hablantes nativos para

decirse uno al otro que el tema es demasiado difícil. Piden: *"sólo dímelo en inglés sencillo"*.

It is very important, on the other hand, to speak correct English. Correct English means using common English words in sentences that have reasonably good meanings. Of course, everyone makes mistakes now and then, but a good goal is to say things in a correct way using simple words. This makes it easier to say things that are useful.

Of course, we know that we say things well enough if people understand what we say. So we need to observe a level of usage and correctness in English which is "enough" for understanding. Less is not enough. And "more than enough" is too much – too difficult – for many people to understand. Most public messages – such as advertisements use fairly common words and fairly simple English. The messages

Por otro lado, es muy importante hablar un inglés correcto. Inglés correcto significa utilizar palabras inglesas comunes en oraciones que tienen un significado razonablemente bueno. Por supuesto que todos cometen errores de vez en cuando, pero un buen objetivo es decir las cosas de un modo correcto utilizando palabras simples. Esto hace más fácil decir cosas que resulten de utilidad.

Por supuesto que nos damos cuenta de que decimos las cosas lo suficientemente bien, si las personas entienden lo que decimos. Por lo que debemos observar un nivel de uso y corrección en inglés que sea "suficiente" como para ser entendido. Menos no es suficiente. Y "más que suficiente" es demasiado (demasiado difícil) para que muchas personas lo comprendan. La mayoría de los mensajes públicos, como

often cost a lot so it is important everyone understands them. On television, time for messages can cost huge amounts so the English used is chosen very carefully. The American Football Super Bowl in the US has advertisements that are very easy to understand. The advertisers pay $2 000 000 a minute for their advertisements, so they want to be sure people understand!

There is a level of English that is acceptable for most purposes of understanding. This is the level that Globish aims to show. As we will see in greater detail, Globish is a defined subset of English. Because it is limited, everyone can learn the same English words and then they can understand each other. Globish uses simple sentence structures and a small number of words, so that

los anuncios, utilizan palabras bastante comunes y un inglés bastante simple. Muchas veces, los avisos son onerosos, por lo que es importante que todos se entiendan. En televisión, el tiempo para los anuncios puede costar grandes sumas, por lo que el inglés utilizado es elegido muy cuidadosamente. El Súper Tazón de fútbol americano en Estados Unidos tiene publicidades que son fáciles de entender. Los anunciantes pagan USD2.000.000 el minuto para sus anuncios, por lo que quieren asegurarse de que la gente los entienda.

Hay un nivel de inglés que es aceptable a los fines del entendimiento. Este es el nivel al que apunta Globish. Como veremos más en detalle, Globish es un subconjunto de inglés. Porque es limitado, todos pueden aprender las mismas palabras inglesas y, entonces, pueden entenderse el uno al otro. Globish utiliza estructuras simples para las oraciones y un reducido

means you have to learn less. And it can be expanded easily when people choose to do this.

The Globish word list has 1500 words. They have been carefully chosen from all the most common words in English. They are listed in the middle of this book. In the Oxford English Dictionary there are about 615000 entries. So how could 1500 words be enough? This book – in Globish – uses those 1500 basic words and their variations.

This list of 1500, of course, will also accept a few other words which are tied to a trade or an industry: call them "technical words." (Technical is a technical word.) Some technical words are understood everywhere. In the computer industry, words like web and software are usually known by everyone. They are from English or are made up, like Google. And in the cooking industry, many words are

número de palabras, lo que significa que se tiene que aprender menos. Y se puede ampliar fácilmente cuando las personas eligen hacerlo.

La lista de palabras de Globish es de 1500 vocablos. Han sido elegidas cuidadosamente entre las palabras más comunes del inglés. Están incluidas en la mitad de este libro. En el Diccionario Oxford de Inglés hay unas 615.000 entradas. ¿Cómo pueden ser suficientes 1500 palabras? Este libro, en Globish, usa esas 1500 palabras básicas y sus variantes.

Esta lista de 1500, por supuesto, aceptará también algunas otras palabras que están ligadas al comercio o a la indusria: llamémoslas "palabras técnicas" (la palabra "técnica" es una palabra técnica). Algunas palabras técnicas son entendidas en todos lados. En la industria de la computación, palabras como *web* y *software* son generalmente conocidas por todos. Provienen del inglés o

French, like "sauté" or "omelette".

Globish also uses words that are already international. Travelers communicate using words like "pizza", "hotel", "police", "taxi", "stop", "restaurant", "toilets", and "photo".

1500 is a lot of words, because English has been a language where words "father" words. The children words of the first 1500 words are easy to learn. For instance, "care" is the father of "careful, carefully, carefulness, careless, carelessly, carelessness, uncaring, caretaker, etc…" It is the same with "use" and hundreds of other words. If you count all the fathers and their children you find over 5,000 Globish words.

Experts say most native

son inventadas, como por ejemplo Google. Y en la industria gastronómica, muchas palabras son francesas, como "sauté" u "omelette".

Globish también utiliza palabras que ya son internacionales. Los viajeros se comunican usando palabras como "pizza", "hotel", "police", "taxi", "stop", "restaurant", "toilets" y "photo".

Estas 1500 palabras son muchas, porque el inglés es un idioma en el que las palabras "engendran" otras palabras. Las palabras derivadas de las primeras 1500 son fáciles de aprender. Por ejemplo "care" engendra "careful, carefully, carefulnes, careless, carelessly, carelessness, uncaring, caretaker, etc.". Lo mismo pasa con "use" y cientos de otras palabras. Si se cuentan todas las palabras básicas y sus derivadas, se encontrarán más de 5000 palabras Globish.

Los expertos dicen que la

English speakers use only about 3,500 words. Well-educated speakers may know many more words but probably only use about 7,500 words. It is demonstrated that even native speakers with high education say 80% of what they have to say with only 20% of their word-wealth. This is only one good example of a universal law called the "Pareto Principle", named after its Paris-born inventor. The Pareto Principle states: For all things that happen, 80% of the results come from 20% of the causes. So, 20% of the educated native speaker's 7500 word wealth is….1500. So with 1500 words, you may communicate better than the average native English speaker, and perhaps as well as the highly-educated one – for 80% of the ideas. For the 20% left over, in Globish you can use a definition instead. You will not say "my nephew", as this could be too difficult in many non-English speaking countries. You will say instead: "the son of my

mayoría de los angloparlantes nativos utilizan sólo unas 3500 palabras. Los hablantes bien educados pueden conocer muchas más palabras pero, probablemente, utilicen sólo unas 7500. Está demostrado que hasta hablantes nativos con un alto grado de educación dicen el 80% de lo que tienen que decir con sólo el 20% de las palabras que conocen. Este es sólo un buen ejemplo de una ley universal llamada "Principio de Pareto", así llamada en honor a su inventor parisino. El Principio de Pareto dice: para todas las cosas que suceden, el 80% de los resultados provienen del 20% de las causas. Por lo que el 20% de las 7500 palabras conocidas por un hablante nativo es... 1500. Así es que, con 1500 palabras, podrá transmitir el 80% de sus ideas, mejor que el angloparlante nativo promedio y, probablemente, tan bien como el muy educado. Para el 20% restante, en Globish puede utilizar, en su lugar, una definición. No dirá "mi

46

brother". It will be all right.

sobrino" ya que esto puede resultar muy dificultoso en muchos países de habla no inglesa. En su lugar podrá decir: "el hijo de mi hermano". Y estará bien.

But where did the 1500 words come from?

Entonces, ¿de dónde provienen estas 1500 palabras?

Various lists of most-commonly-used English words have suggested the 1500 basic words of Globish. However, the value of a set of words should not be by the place they come from but how well we use them.

Diversas listas de las palabras utilizadas más comúnmente en inglés sugirieron estas 1500 palabras básicas de Globish. No obstante, el valor de una serie de palabras no estará dado por el lugar del cual provienen, sino de lo bien que las usemos.

Globish is correct English *and* it can communicate with the greatest number of people all over the world. Of course, native English speakers can understand it very quickly because it is English. And even better: they usually do not notice that it is Globish. But non-native English speakers *do* see the difference: they understand the Globish better than the English they usually hear

Globish es un inglés correcto *y* lo puede comunicar con el mayor número de personas de todo el mundo. Por supuesto que los angloparlantes nativos lo pueden entender muy rápidamente, porque es inglés. Y mejor aún: normalmente, no se dan cuenta que es Globish. Pero los angloparlantes no nativos *realmente* notan la diferencia: entienden el Globish mejor

from native English speakers.

que el inglés que escuchan, por lo general, de angloparlantes nativos.

Technical Words

Technical - with a scientific basis, or used by a profession

International Words

Pizza - an Italian food found most places in the world

Hotel - a place to stay which rents many rooms by the night

Police - men or women who make certain you follow the law.

Taxi - a car and driver you rent to take you individual places

Restaurant - a place to eat where you buy single meals

Toilets - places to wash hands and do other necessary things

Photo - a picture taken with a camera

Piano - a large box with many keys to make music with

Sauté - French way of cooking; makes meat or vegetables soft

Omelette - a way of cooking meals with eggs

Chapter 6

The Value of a Middle Ground

There is a story about one of the authors. He worked for an American oil exploration company in his youth. He did not grow up in Oklahoma or Texas like the other workers. One time he had to work with map makers in the high plains of Wyoming. There, the strong winds are always the enemy of communication.

His job was to place recording devices on a long line with the map makers. He would go ahead first with a tall stick, and the oil company map makers behind would sight the stick from far away. They waved at him, to guide him left or right. Then he would shout out the number of the device he planted there, on that straight line. The wind was very loud

Capítulo 6

El valor de una posición intermedia

Existe una historia acerca de uno de los autores. En su juventud, trabajó para una empresa estadounidense de exploración de petróleo. No creció ni en Oklahoma ni en Texas como los otros trabajadores. Una vez, tuvo que trabajar con cartógrafos en las altas llanuras de Wyoming. Allí, los fuertes vientos son siempre el enemigo de las comunicaciones.

Su trabajo era colocar dispositivos de grabación en un largo trayecto, junto con los cartógrafos. Iba adelante con un palo largo y los cartógrafos de la compañía de petróleo que venían detrás visualizaban el palo desde lejos. Le hacían señas, para guiarlo a la izquierda o a la derecha. Entonces, gritaba el número del artefacto que colocaba allí, en esa línea

and he had to shout over it. But often the map makers from Oklahoma and Texas would just shake their heads. They could not understand what he shouted. The boy couldn't talk right – they said.

Then one night, all the men had drinks together. They said they did not want to fire him, but they could not understand his numbers in the wind. After a few more drinks, they decided they could be language teachers. They taught him a new way to count, so the wind would not take away the numbers when he shouted them.

Some of the numbers in the new dialect of English sounded familiar, but others were totally different: (1) "wuhn" (2) "teu" (3) "thray" (4) "foar" (5) "fahve" (6) "seex" (7) "sebn" (8) "ate" (9) "nahne" (10) "teeyuhn" (11) "lebn", and on like that. The map-makers were very happy, and not just because of the drinks. They had saved

recta. El viento era muy fuerte y debía gritar para superarlo y hacerse escuchar. Pero, frecuentemente, los cartógrafos de Oklahoma y Texas sólo sacudían sus cabezas. No podían entender lo que gritaba. El chico no puede hablar bien, decían.

Entonces, una noche se juntaron todos a beber. Dijeron que no lo querían echar, pero que no podían entender sus números por el viento. Luego de algunos tragos más, decidieron que podían ser profesores de idioma. Le enseñaron una nueva forma de contar, de forma tal que el viento no se llevara los números cuando los gritara.

Algunos de los números en el nuevo dialecto inglés sonaban familiares, pero otros eran totalmente diferentes: (1) "wuhn" (2) "teu" (3) "thray" (4) "foar" (5) "fahve" (6) "seex" (7) "sebn" (8) "ate" (9) "nahne" (10) "teeyuhn" (11) "lebn" y así sucesivamente. Los cartógrafos estaban muy contentos y no sólo como

more than a job. They felt they had saved a soul. They had taught someone to "talk right" as they knew it.

Many people have experiences like this. If we do not speak different languages or dialects, at least we speak differently at times. We can copy different accents. Sometimes we speak in new ways to make it easier for others to understand us, and sometimes to sound like others so we are more like them. We often use different ways of speaking for jokes.

It should be easy to use Globish – the same words for everyone everywhere in the world. One language for everyone would be the best tool ever. It would be a tool for communication in a useful way. It might not be as good for word games as English, or as good for describing deep feelings. But

consecuencia de la bebida. Habían salvado más que un trabajo. Pensaban que habían salvado un alma. Le habían enseñado a alguien a "hablar correctamente" como ellos lo hacían.

Muchas personas tienen experiencias de este tipo. Si no hablamos idiomas o dialectos diferentes, al menos, a veces, hablamos en forma diferente. Podemos copiar distintos acentos. A veces, hablamos de nuevas maneras para que otros nos entiendan con más facilidad y otras, para sonar como otras personas y parecernos a ellas. Frecuentemente utilizamos diferentes maneras de hablar para hacer bromas.

Debería ser fácil usar Globish, las mismas palabras para todos en todas partes del mundo. Un idioma para todos sería la mejor herramienta, definitivamente. Sería una herramienta muy útil para la comunicación. Podría no ser tan buena para juegos de palabras como el inglés, o tan buena como para

Globish would be much better for communication between – or with – people who are not native English speakers. And, of course, native English speakers could understand it too.

So Globish makes an effective tool. You'll be able to do almost anything with it, with a good understanding of what it is and how it works.

But Globish does not aim to be more than a tool, and that is why it is different from English. English is a cultural language. It is a very rich language. It sometimes has 20 different words to say the same thing. And it has a lot of different ways of using them in long, *long* sentences. Learning all the rest of English is a lifetime of work but there is a good reward. People who learn a lot of English have a rich world of culture to explore. They do a lot of learning and can do a lot with what they learn.

describir sentimientos profundos. Pero Globish sería mucho mejor para la comunicación entre, o con, personas que no son angloparlantes nativos. Y, por supuesto, los angloparlantes nativos también lo podrían entender .

Por eso es que Globish es una herramienta efectiva. Se podrá hacer casi cualquier cosa con él, con una buena comprensión de lo que es y de cómo funciona.

Pero Globish no apunta más allá de ser una herramienta y por ello es que es diferente del inglés. El inglés es un idioma cultural. Es un idioma muy rico. A veces tiene 20 palabras distintas para decir la misma cosa. Y tiene muchas maneras distintas de usarlas en oraciones largas, *largas*. Aprender todo el resto del inglés es una vida de trabajo, pero ofrece una buena recompensa. Las personas que aprenden mucho inglés tienen un amplio mundo cultural para explorar. Aprenden mucho y pueden hacer mucho con lo

But Globish does not aim so high. It is just meant to be a necessary amount. Globish speakers will enjoy travel more, and can do business in Istanbul, Kiev, Madrid, Seoul, San Francisco and Edinburgh.

This will be worth repeating: *Globish is "enough" and less than Globish would be not enough. But more than Globish could be too much, and when you use too much English, many people will not understand you.*

This confuses some people, especially English teachers. They say: "How is better English, richer English, *not always* better?" English teachers like people to enjoy the language, to learn more and more English. It is their job.

When we see native speakers speak English it seems so easy. We think it should be easy for non-native speakers too. But when we look at English tests, we see that all kinds of English are used.

que aprenden.

Pero Globish no apunta tan alto. Sólo está hecho para ser una cantidad necesaria. Los hablantes de Globish disfrutarán más los viajes y podrán hacer negocios en Estambul, Kiev, Seúl, San Francisco o Edinburgo.

Esto vale la pena repetirlo: *Globish es "suficiente" y menos que Globish no sería suficiente. Pero más que Globish puede ser demasiado y cuando se usa demasiado inglés, mucha gente no lo entenderá.*

Esto confunde a algunas personas, especialmente a los profesores de inglés. Dicen: "¿Cómo es que un inglés mejor, un inglés más rico, *no siempre* es mejor?" A los profesores de inglés les gusta que la gente disfrute del lenguaje, que aprendan más y más inglés. Es su trabajo.

Cuando vemos hablantes nativos hablar inglés, parece muy fácil. Pensamos que debería ser fácil para los hablantes no nativos también. Pero cuando vemos las pruebas de inglés, vemos que

There is no clear level of English, just more and more of it. For example, the TOEIC (Test of English for International Communication) does not tell you when you are ready. It does not say when you have "acceptable" English. Globish is a standard that you can reach. A Globish test can tell you if you have a required amount of language to communicate with other people. That is what brings "understanding" – and either we have it, or we don't.

The British Council says (in Globish again):

> "For ELF (English as a Lingua Franca) being _understood_ is most important, rather more important than being perfect. The goal of English – within the ELF idea – is not a native speaker but a good speaker of two languages, with a national accent and some the special skills

se utilizan muchos tipos de inglés. No hay un nivel claro de inglés, sólo más y más de él. Por ejemplo el TOEIC (Test de Inglés para la Comunicación Internacional), no le dice cuándo está listo. No le dice cuándo se obtiene un inglés "aceptable". Globish es un estándar que puede alcanzar. Una prueba de Globish puede decirle si posee un nivel suficiente de inglés como para comunicarse con otras personas. Eso es lo que produce "entendimiento", y lo podemos tener o no.

El Consejo Británico dice (nuevamente en Globish):

> "Para ELF (inglés como lengua franca) hacerse _entender_ es muy importante, más importante aún que ser perfecto. El objetivo del inglés, dentro de la idea de ELF, no es lograr un hablante nativo sino un buen hablante de dos idiomas, con un acento nacional y algunas destrezas

to achieve understanding with another non-native speaker."

These non-native speakers, in many cases, speak much less perfect English than native speakers. Speaking with words that go past the words they understand is the best way to lose them. It is better then, to stay within the Globish borders. It is better to do that than to act as if you believe that the best English shows the highest social status. **With Globish, we are all from the same world.**

especiales que le permitan entenderse con otros hablantes no nativos"

Estos hablantes no nativos, en muchos casos, hablan inglés mucho menos perfecto que los hablantes nativos. Hablar con palabras que van más allá de las que pueden entender es la mejor manera de perderlos. Es mejor, entonces, quedarse dentro de los límites de Globish. Es mejor hacer eso que actuar como si creyera que un inglés mejor muestra el estatus social más alto. **Con Globish, somos todos del mismo mundo.**

Chapter 7
The Beginnings of Globish

The *most* important thing about Globish is that it started with non-native English speakers. Some English professor could have said "I will now create Globish to make English easy for these adults who are really children." Then Globish would not be global, but just some English professor's plaything. But the true Globish idea started in international meetings with British, Americans, continental Europeans, and Japanese, and then Koreans. The communication was close to excellent between the British and the Americans. But it was not good between those two and the other people. Then there was a big surprise: the communication between the last three groups, continental Europeans, Japanese, and Koreans, was among the best.

Capítulo 7
Los comienzos de Globish

El hecho *más* importante de Globish es que comenzó con angloparlantes no nativos. Algunos profesores de inglés podrían haber dicho "inventaré Globish para hacer el inglés más fácil para esos adultos que son realmente principiantes". Entonces Globish no sería global, sería sólo el juguete de un profesor de inglés. La verdadera idea de Globish comenzó con reuniones internacionales entre británicos, estadounidenses, europeos continentales y japoneses y, luego, coreanos. La comunicación era casi perfecta entre británicos y estadounidenses. Pero no era buena entre esos dos grupos y las otras personas. Entonces, hubo una gran sorpresa: la comunicación entre los tres últimos grupos, europeos continentales, japoneses y coreanos, fue de

There seemed to be one good reason: they were saying things with each other that they would have been afraid to try with the native English speakers – for fear of losing respect. So all of these non-native speakers felt comfortable and safe in what sounded like English, but was far from it.

But those non-native English speakers were all *talking* to each other. Yes, there were many mistakes. And yes, the pronunciation was strange. The words were used in unusual ways. Many native English speakers think English like this is horrible. However, the non-native speakers were enjoying their communication.

But as soon as one of the English or Americans started speaking, everything changed in one second. The non-native speakers stopped talking; most were afraid of speaking to the native English speakers. None of them wanted to say a word

lo mejor. Parecía haber una buena razón: estaban diciendo cosas entre ellos que hubieran tenido miedo de tratar con angloparlantes nativos, por miedo a perder su respeto. Así, todos estos hablantes no nativos se sentían cómodos y seguros en lo que sonaba como inglés, pero que estaba lejos de serlo.

Pero esos hablantes no nativos estaban *hablando* entre ellos. Sí, cometían muchos errores. Y sí, la pronunciación era rara. Las palabras eran usadas de manera inusual. Muchos angloparlantes nativos piensan que este tipo de inglés es espantoso. No obstante, los hablantes no nativos disfrutaban de su comunicación.

Pero tan pronto como uno de los ingleses o estadounidenses empezaba a hablar, todo cambiaba en un segundo. Los hablantes no nativos paraban de hablar; muchos tenían miedo de hablar con los angloparlantes nativos. Ninguno quería decir una palabra que fuera

that was incorrect.

It is often that way across the world. Non-native English speakers have many problems with English. Some native English speakers say non-natives speak "broken English." In truth, non-native English speakers talk to each other effectively *because* they respect and share the same limitations.

The Frenchman and the Korean know they have similar limitations. They do not use rare, difficult-to-understand English words. They choose words that are "acceptable" because they are the easiest words they both know. Of course, these are not always those of the native speakers, who have so many more words to choose from.

The idea of Globish came from this observation: limitations are not always a problem. In fact, they can be useful, if you understand

incorrecta.

Esto se da frecuentemente en todo el mundo. Los hablantes no nativos tienen muchos problemas con el inglés. Algunos angloparlantes nativos dicen que los no nativos hablan un inglés imperfecto. En realidad, los hablantes no nativos hablan entre ellos en forma efectiva *porque* respetan y comparten las mismas limitaciones.

Los franceses y los coreanos saben que tienen limitaciones similares. No utilizan palabras inglesas raras o difíciles de entender. Eligen palabras que sean "aceptables" porque son las palabras más fáciles que ambos conocen. Por supuesto, estas no son siempre las de los hablantes nativos, que tienen muchas más palabras de las cuales elegir.

La idea de Globish provino de esta observación: las limitaciones no son siempre un problema. De hecho, pueden ser útiles si se las

them. Jean-Paul Nerriére could see that *"if we can make the limitations exactly the same, it will be as if there are no limitations at all"*. He decided to record a limited set of words and language that he observed in most non-English speakers. He then suggested that people from various mother tongues can communicate better if they use these carefully chosen limitations. Globish is that "common ground."

entiende. Jean Paul Nerriére pudo ver que *"si pudiéramos igualar las limitaciones, sería como si no hubiese limitación alguna"*. Decidió registrar un grupo limitado de palabras y lenguaje que observó en la mayoría de los hablantes no nativos. Luego, sugirió que las personas con distintas lenguas maternas se podrían comunicar mejor si utilizaran esas palabras restringidas y cuidadosamente elegidas. Globish representa ese "lugar común".

Nearly-Identical Limitations Worldwide
Limitaciones casi idénticas en todo el mundo

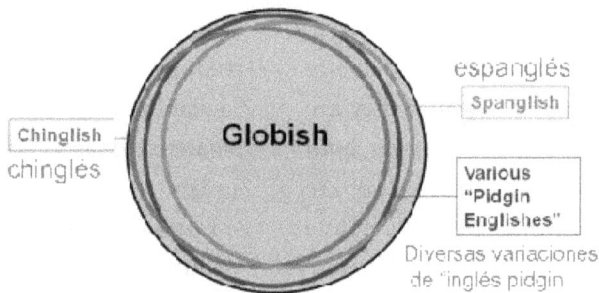

espanglés

Spanglish

Chinglish

Globish

chinglés

Various "Pidgin Englishes"

Diversas variaciones de "inglés pidgin"

Globish Combines Limitations
Globish aúna limitaciones

This theory of limitations is not as strange as it might seem at first. Most human activities have some limitations.

En principio, esta teoría de las limitaciones no es tan extraña como parece. La mayoría de las actividades humanas tienen alguna limitación

The World Cup is one of the most-watched competitions in the world, because its set of "limitations" makes it a great game for everyone. In this game of foot-ball, players must use their feet most of the time to control the ball, so tall people and people with big arms do not always win. Some people say it is dancing with the ball; the limitations make it beautiful.

Ballet, of course, has limitations too; it is what you say with your body. And people of every language enjoy both of these. The beauty happens when the limitations are the same. Globish is about having the same limitations, so there is no limit to what can be communicated between people speaking or writing or reading Globish.

We hope the dancers will not start singing in ballets. But what happens when you can

La Copa Mundial es una de las competencias más vistas en el mundo porque su conjunto de "limitaciones" la transforma en un juego excelente para todos. En este juego del futbol, los jugadores tienen que usar los pies todo el tiempo para controlar la pelota, por lo que las personas altas o con brazos poderosos no siempre son las que ganan. Algunas personas dicen que es bailar con la pelota; las limitaciones son las que lo hacen magnífico.

El ballet, por supuesto, también tiene límitaciones; es lo que uno transmite con el cuerpo. Y las personas de todos los idiomas disfrutan de ambos. La belleza surge cuando las limitaciones son las mismas. De lo que se trata Globish, es de tener las mismas limitaciones, por eso no hay límite para la comunicación entre personas que hablan, escriben o leen Globish.

Esperemos que los bailarines no empiecen a cantar en los ballets. Pero. ¿qué pasa

use your hands in "football?" Then – mostly in the English-speaking cultures – we see their American football and Rugby football. These do not have the limitations of playing only with their feet. Not as many people in the world can sit together and enjoy watching. It is not something they all can share, all knowing the same limitations.

The limitations of Globish also make it easier to learn, easier to find a word to use. Native English speakers seem to have too many words that say the same thing and too many ways to say it.

So communication between non-native speakers can be much more effective when they are using Globish. And if non-native and native speakers use Globish between themselves, both of them will understand. Most people would think that native English speakers could

cuando se pueden usar las manos en el "fútbol"? Entonces, principalmente en las culturas de habla inglesa, vemos su fútbol americano y el fútbol de Rugby. Estos no tienen las limitaciones de jugar sólo con los pies. No tantas personas en el mundo se pueden sentar juntas y disfrutar viéndolos. No es algo que todos puedan compartir, ya que no todos conocen estas limitaciones.

Las limitaciones de Globish también hacen más fácil aprenderlo, más fácil encontrar una palabra para usar. Los angloparlantes nativos parecen tener demasiadas palabras que dicen la misma cosa y demasiadas maneras de decirlas.

Por lo que la comunicación entre hablantes no nativos puede ser mucho más efectiva cuando usan Globish. Y si hablantes no nativos y nativos usan Globish entre ellos, ambos lo entenderán. Muchas personas podrían pensar que los angloparlantes nativos

know how to speak Globish in one second. But that is not true. Native English speakers who use too many words in too many ways are, in fact, missing a huge opportunity to communicate with the world.

The British Council tells us (here in Globish):

> *"People have wondered for years whether English is so solid in international communication that even the rise of China could not move it from its high position. The answer is that there is already a new language, which was being spoken quietly while native-speakers of English were looking the other way. These native-speakers of English were too happy when they thought their language was the best of all. The new language that is pushing out the*

pueden saber cómo hablar Globish en un segundo. Pero no es cierto. Los angloparlantes nativos que usan muchas palabras de muchas maneras están, de hecho, desperdiciando una gran oportunidad de comunicarse con el mundo.

El Consejo Británico nos dice (en Globish):

> *"La gente se ha preguntado por años si el inglés es tan sólido para las comunicaciones internacionales que hasta el crecimiento de China podría no moverlo de su elevada posición. La respuesta es que ya hay un nuevo idioma, que estaba siendo hablado discretamente mientras los angloparlantes nativos miraban para otro lado. Estos angloparlantes nativos estaban muy contentos pensando que su idioma era el mejor de todos. El*

language of Shakespeare as the world's Lingua Franca is English itself – English in its new global form. As this book (English Next) shows, this is not English as we have known it, and have taught it in the past as a foreign language. It is a new happening, and if it represents any kind of winning, it will probably not be the cause of celebration by native English speakers."

nuevo idioma que está surgiendo del idioma de Shakespeare como la lengua franca del mundo, es el mismo inglés, el inglés en su nueva forma global. Como este libro (English Next) muestra, este no es el inglés que hemos conocido y enseñado como lengua extranjera en el pasado. Es un nuevo suceso y si representa algún tipo de triunfo, no será este un motivo de celebración para los angloparlantes nativos".

The British Council continues (in our Globish):

El Consejo Británico continúa (en nuestro Globish)

"In organizations where English has become the business language, meetings sometimes go more smoothly when no native speakers are present. Globally, the same kind of thing may be happening, on a larger scale. This is

"En organizaciones donde el inglés se ha convertido en el idioma de los negocios, a veces las reuniones se desarrollan sin complicaciones cuando no se encuentran presentes hablantes nativos.

not just because non-native speakers fear to talk to a native speaker. The change is that soon the problem may be that few native speakers will be accepted in the community of lingua franca users. The presence of native English speakers gets in the way of communication."

Globalmente, lo mismo podría estar sucediendo, pero en mayor escala. Esto no sólo es el resultado de que hablantes no nativos teman hablarle a un hablante nativo. El cambio es que, pronto, el problema podrá ser que pocos hablantes nativos sean aceptados en la comunidad de usuarios de la lengua franca. La presencia de angloparlantes estorba las comunicaciones".

Strangely, many native English speakers still believe they can do all things better than non-native speakers just because they speak better English. How long will it take for them to understand that they are wrong? They have a problem that *they are not able* to understand. They do not see that many non-native speakers simply cannot understand them. This does not mean the native speaker's English is bad. It means that

Aunque parezca raro, muchos angloparlantes nativos aún creen que pueden hacer todo mejor que los hablantes no nativos, sólo porque hablan mejor inglés. ¿Cuánto tiempo les llevará darse cuenta de que están equivocados? Tienen un problema que *no están capacitados* para comprender. No se dan cuenta de que muchos hablantes no nativos simplemente no los pueden entender. Esto no significa

their *communication* is bad; sometimes they do not even attempt to make their communication useful to everyone. Often they don't know how.

We want everyone to be able to speak to and understand everyone. There is a middle ground, but the native English speakers are not the ones drawing the borders. And because you may not be able to say this to a native speaker, who might not be able to understand – we will say it here.

To belong to the international community, a native English speaker must:

- **understand....** what is explained in this book,

- **accept....** that it is the fact of a new world which has many new powers that will be as strong as the English-speaking countries,

- decide **to change** with this new reality, in order

que el inglés del hablante nativo sea malo. Significa que su *comunicación* es mala; a veces, ni siquiera intentan que su comunicación sea provechosa para todos. A menudo, no saben cómo hacerlo.

Queremos que todos sean capaces de hablar y de entender a todos. Hay una posición intermedia, pero los angloparlantes nativos no son los que están marcando el territorio. Y como, tal vez, no le pueda decir esto a un hablante nativo que puede no estar capacitado para entenderlo, lo diremos aqui.

Para pertenecer a la comunidad internacional, un angloparlante nativo debe:

- **entender** ... lo que está explicado en este libro,

- **aceptar** ... que es un hecho en un mundo nuevo, con muchos poderes nuevos, que resultarán tan fuertes como

to still be a member.

Whenever a native English speaker acts as if *you* are the stupid one, **please give them this book**. If they choose to take no notice of their problem, they will be left out of communication. They will be left out of activities with others – worldwide – if they do not learn to "limit" the way they use their language. English speakers need to limit both spoken and written English for communication with non-native English speakers. In short, they too need to "learn" Globish. It is not an easy exercise, but it can be done. Some of this book will help them.

los de los países de habla inglesa,

- decidirse **a cambiar** a esta nueva realidad para continuar siendo un miembro.

Cuando un angloparlante nativo actúa como si *usted* fuese el estúpido, **por favor entréguele este libro**. Si eligen no tomar nota de su problema, serán aislados de las comunicaciones. Serán dejados fuera de las actividades con otros, en todo el mundo, si no aprenden a "limitar" la forma en que usan su idioma. Para comunicarse con angloparlantes no nativos, los angloparlantes necesitan limitar tanto el inglés hablado como el escrito. En resumen, también necesitarán "aprender" Globish. No es un ejercicio fácil, pero puede hacerse. Una parte de este libro los ayudará.

Globish has a special name

It is very important that the Globish name is *not* "English for the World" or even "Simple English." If its name were *any kind* of English, the native English speakers would say. "OK, we won. Now all you have to do is speak better English." Without the name Globish, they will not understand it is a special kind of English, and it is no longer "their" English. Most native English speakers who understand this should decide they like it. Hopefully they will say: "Now I understand that I am very lucky. Now my language will be changed a little for the rest of the world. Let me do my best, and they can do their best, and we will meet in the middle."

So *Globish* is a word that tells native English speakers – and non-native speakers – that Globish has a different meaning. Globish is the

Globish tiene un nombre especial

Es muy importante que el nombre Globish **no sea** "Inglés para el mundo" o incluso "Inglés simple". Si su nombre fuera **cualquier tipo** de inglés, el angloparlante nativo diría: "Bueno, ganamos. Ahora todo lo que tiene que hacer es hablar un inglés mejor". Sin el nombre Globish, no entenderán que es un tipo de inglés especial y que ya no es más "su" inglés. Muchos de los angloparlantes nativos que entienden esto, deberían decidir si les gusta. Esperemos que digan: "Ahora entiendo que soy muy afortunado. Ahora mi idioma será cambiado un poco, para el resto del mundo. Déjenme esmerarme y ellos también lo harán, y nos encontraremos a mitad de camino."

Globish es una palabra que le dice a los angloparlantes nativos y a los hablantes no nativos, que Globish tiene un significado diferente. Globish

global language, the language people everywhere can speak. Globish is a name to say that there are limits which everyone can learn. There is a clear set of things they need to learn. And when they learn them, they are done.

Language is equal on this Globish middle ground. No one has an edge. No one can be above anyone else because of language. This is the land where everybody can offer the best ideas with all of his or her professional and personal abilities. Globish will be a foreign language to everyone, without exception. It is not "broken English." It is another version of English to which no native English speaker was born.

We all come together here.

es el idioma global, el idioma que la gente de todos lados puede hablar. Globish es un nombre que significa que hay límites que todos pueden aprender. Hay una cantidad definida de cosas que necesitan aprender. Y cuando las aprendan, se sentirán realizados.

El lenguaje se iguala en esta posición intermedia de Globish. Nadie tiene ventajas. Nadie puede estar por encima de otro por causa del idioma. Este es el lugar donde todos pueden aportar sus mejores ideas, con toda su habilidad personal y profesional. Globish será un idioma extranjero para todos, sin excepción. No es "inglés imperfecto". Es otra versión del inglés con la que no nació ningún angloparlante nativo.

Aquí nos encontramos todos.

Chapter 8
Is Globish More Useful than English?

We talk a lot about international communication, but Globish is also important for *national* communication. In many countries, people speak several languages that are all important. Swiss people speak German, Italian, French or Romansh. Belgians speak French, German, Dutch or Flemish. The largest countries like India, and Russia, and China each have many local languages. Israelis speak Hebrew or Arabic. In many cases, all those people only know their own language. They cannot communicate together because they know only one language; their own. In some countries, even people who *can* speak another language try *not* to speak it. It is the language of a group they do not like.

Capítulo 8
¿Es Globish más útil que el inglés?

Se dice mucho de la comunicación internacional, pero Globish es también importante para la comunicación *nacional*. En muchos países, las personas hablan diversos idiomas, todos ellos importantes. Los suizos hablan alemán, italiano, francés o retorrománico. Los belgas hablan francés, alemán, holandés o flamenco. Los países más grandes, como India, Rusia y China, tienen cada uno muchas lenguas locales. Los israelíes hablan hebreo o árabe. En muchos casos, toda esa gente sólo conoce su propio idioma. No se pueden comunicar entre ellos porque sólo conocen un idioma, el suyo. Incluso en algunos países, gente que *puede* hablar otro idioma trata de *no* hacerlo. Es el idioma de

In all those cases, Globish is the solution. It is much better defined than the "broken English" which is left over from sad school days. Already, in many of these countries, people try to communicate in English just because it is neutral. It is not the language of any one group. Globish is good for them because it offers a solution and is easy to learn.

For people who do not have the time or the money for a full English program, Globish is good. Its plain and simple English will work for them. With Globish they can learn what they need – but no more. They also like the idea of Globish because it is a solution for the person in the street. English, in most cases, is available for educated people, the upper class. In these countries with more than one language, the rich can travel, and the rich can send their children to study in English-speaking countries. The poorest people

un grupo que no les agrada.

En todos esos casos, Globish es la solución. Es mucho más definido que el "inglés imperfecto", que es un resabio de tristes épocas escolares. Ya en muchos de estos países, la gente trata de comunicarse en inglés, sólo porque es neutral. No es el idioma de ningún grupo. Globish les resulta bueno porque les ofrece una solución y es fácil de aprender.

Para las personas que no tienen el tiempo o el dinero para un programa completo de inglés, Globish es bueno. Su inglés sencillo y simple funcionará para ellos. Con Globish pueden aprender lo que necesitan, pero no más. También les gusta la idea de Globish porque es una solución para la gente común. El inglés, en muchos casos, está a disposición de la gente educada, de la clase alta. En estos países con más de un idioma, los ricos pueden viajar y enviar a sus hijos a estudiar a países de habla inglesa. La gente más

also need English, to get ahead in their nation and the world, but they do not have the same resources. Globish will allow the people inside nations to talk more, and do more business there and with the rest of the world. That is the result of Globish – more national talk and more global talk.

What makes Globish more inviting is that people can use it very soon. The learners quickly learn some Globish, then more, then most of what they need, and finally all of it. So, Fast Early Progress (FEP) and a Clear End Point (CEP) improve the student's wish to continue. The Return On Effort (ROE) is just as important as ROI (Return On Investment) is for a business person. In fact, they are very much alike.

pobre también necesita del inglés para avanzar en su país y en el mundo, pero no cuentan con los mismos recursos. Globish permitirá que la gente de los países hable más y haga más negocios allí y con el resto del mundo. Ese es el resultado de Globish, más conversación nacional y global.

Lo que hace más atractivo a Globish es que las personas lo pueden usar muy pronto. Los estudiantes aprenden rápidamente algo de Globish, luego más, luego la mayor parte de lo que necesitan y finalmente todo. Así es que un "Progreso inicial rápido" (FEP, por sus siglas en inglés) y un "Punto final claro" (CEP, por sus siglas en inglés) aumentan el deseo de continuar del estudiante. El "rendimiento por sobre el esfuerzo" (ROE, por sus siglas en inglés) es tan importante como el "rendimiento por sobre la inversión" (ROI, por sus siglas en inglés) para una persona de negocios. De hecho, son muy parecidas.

gl🌐bish

Rápido y
pronto progreso

Punto final
claro

Rendimiento
sobre el esfuerzo

Fast Early Progress (FEP)	+	**Clear End Point (CEP)**	=	**Return On Effort (ROE)**

Build on English you have. Globish doesn't need all the kitchen tools, English measures, cultural ideas, or perfect Oxford Pronunciation.

"Enough English" means you can do the most business, travel in the most countries, and talk to the most people, and write to the most people.

From "Enough" - each 5% "better" English requires another year of study. All people don't have the time or the money to be more perfect.

Se construye a partir del inglés que ya conoce. Globish no necesita todos los implementos de cocina, las medidas inglesas, las ideas culturales o una perfecta pronunciación de Oxford.

"Inglés suficiente" significa que puede realizar muchos negocios, viajar por la mayoría de los países, hablar con casi todas las personas y escribirle a casi todas ellas.

A partir de "suficiente", cada 5% que mejore su inglés, requiere de un año de estudio. No todas las personas tienen el tiempo o el dinero para ser más perfectas.

An investor wants to see a valuable return, and a pathway to get there, and a defined end point. In this case, however, every person can be an investor in his or her own future.

Un inversor desea un rendimiento importante, un camino para obtenerlo y un punto final definido. En este caso, sin embargo, cada persona puede invertir en su propio futuro.

The average person in the street has valuable skills or ideas that are not being used. If they cannot operate in all of their nation or all of the world, then those skills or ideas have much less value. So we are all investors.

There are several ways to learn Globish. Some learners know about 350 to 500 common words in English and can read and say them. Learning Globish can take these people about 6 months if they study for an hour every day, including practice writing and speaking. In six months, with more than 120 days of learning, they can learn just 10 words a day. That should not be too hard.

There may not be a class in Globish near you. However, if you know the limitations given in this book, you can direct a local English teacher to give you only those Globish words and only those Globish sentence structures. *You are the customer*, and you can find

La persona común posee habilidades o ideas valiosas que no utiliza. Si no puede aplicarlas en su país o en el mundo, entonces esas habilidades e ideas tienen mucho menos valor. Así que todos somos inversionistas.

Hay muchas maneras de aprender Globish. Algunos estudiantes conocen unas 350 á 500 palabras comunes en inglés y las pueden leer y decir. Aprender Globish les puede insumir a esas personas unos 6 meses si estudian una hora por día, incluyendo la práctica escrita y oral. En seis meses, con más de 120 días de aprendizaje, pueden aprender unas 10 palabras por día. Eso no debería resultar demasiado difícil.

Puede no haber un curso de Globish cerca suyo. No obstante, si conoce las limitaciones fijadas en este libro, le puede pedir a un profesor local de inglés que le enseñe sólo esas palabras y oraciones de Globish. *El cliente es usted* y puede encontrar profesores de

English teachers who will do what you ask them to. They do not have to be native-English speakers for you to learn.

Another good thing about this method is that you can start Globish where your last English stopped. If you start Globish knowing 1000 of the most-used English words, then it may take you only 3 *months* to master Globish. That is one of the best things about learning Globish. You know how much to do because you know where it will end.

There are Globish learning materials available. This book – in Globish – has the 1500 words and some other things you need to know. There are a number of materials on Globish already written in local languages or in Globish. There are also computer-based courses, and even a Globish course on a cell phone, the most widely available tool in the world. A lot of written and audio Globish can now be in your

inglés que harán lo que usted les pida. No necesitan ser angloparlantes nativos para que pueda usted aprender.

Otra cosa buena de este método es que puede empezar con Globish en el punto en que dejó el inglés. Si empieza Globish conociendo 1000 de las palabras inglesas más usadas, entonces le puede llevar sólo 3 *meses* saber Globish. Esa es una de las mejores cosas sobre aprender Globish. Sabe cuánto podrá hacer porque sabe dónde finalizará.

Hay material disponible para aprender Globish. Este libro, en Globish, tiene las 1500 palabras y algunas otras cosas que necesita conocer. Existen ya una cantidad de textos sobre Globish escritos en el idioma local o en Globish. También hay cursos por computación e incluso un curso Globish por teléfono celular, la herramienta más disponible del mundo. Hoy puede tener en su bolsillo o cartera, una gran cantidad de

pocket or bag.

We should say a few words about pronunciation here. A good teacher can explain how to make clear English sounds. Most teachers will also have audio for you to practice with those sounds. There is a lot of recorded material for learners to practice with. A lot of it is free on the radio, or the World Wide Web. And all of this audio is usually available with the most perfect English accent you can dream of. It can be the Queen's accent. It can be President Obama's accent. It can be whatever you want. Learners should hear different kinds of accents.

You have read here already that a perfect pronunciation is not needed, but only an understandable one, and that is plenty. You must believe this. After all, what is a *perfect accent?* London? Glasgow? Melbourne? Dallas? Toronto? Hollywood? Hong Kong? They *all* think they are perfect! Still, it is widely accepted that only native English speakers can really

Globish escrito o en audio.

Debemos decir ahora algunas palabras sobre la pronunciación. Un buen profesor puede explicarle cómo pronunciar claramente en inglés. Muchos profesores tendrán también grabaciones para que pueda practicar esos sonidos. Hay mucho material grabado para que los estudiantes practiquen. Gran parte de él es gratuito, por radio o por Internet. Y todo este audio está disponible, generalmente, con la más perfecta pronunciación inglesa que haya soñado. Puede ser el acento de la reina. Puede ser el acento del Presidente Obama. Puede ser el que quiera. Los estudiantes deberían escuchar distintos tipos de acentos.

Ya ha leido acá que una pronunciación perfecta no es necesaria, pero sí una entendible y eso es suficiente. Debe creer esto. Después de todo, ¿qué es un *acento perfecto*? ¿Londres? ¿Glasgow? ¿Melbourne? ¿Dallas? ¿Toronto? ¿Hollywood? ¿Hong Kong? ¡*Todos* piensan que son perfectos! Aún así, en general está aceptado que sólo los

teach English, and that the teachers with another background should feel like second-class citizens. But this world is changing…quickly.

Before this century, any native English speaker in any non-English-speaking city could sound like he or she knew much more about English, just by pronouncing English quickly and correctly. Non-native English teachers were sometimes worried that they were not well-qualified. They worried that people would discover their English was not perfect. There is good news now. Those days are gone. The old ideas might have been correct about English teaching in the year 1900, but not now. This is a new century. And Globish is the new language in town.

If you are such a teacher of English, things will change for you… all to the better.

angloparlantes nativos pueden enseñar inglés realmente y que los profesores con otros antecedentes deberían sentirse como ciudadanos de segunda clase. Pero este mundo está cambiando… rápidamente.

Antes de este siglo, en una ciudad de habla no inglesa, cualquier angloparlante nativo podía parecer que sabía mucho sobre el inglés, sólo por pronunciarlo rápida y correctamente. Los profesores no nativos de inglés se preocupaban, a veces, de poder no estar suficientemente calificados. Temían que la gente descubriera que su inglés no era perfecto. Ahora, hay buenas noticias. Esos días han pasado. Las viejas ideas sobre la enseñanza del inglés pueden haber sido correctas en el año 1900, pero no ahora. Este es un nuevo siglo. Y Globish es el nuevo idioma.

Si es ese tipo de profesor de inglés, las cosas cambiarán para usted… para mejor.

If you are such a teacher: welcome to a world that really wants what you can do.

Si es ese tipo de profesor: bienvenido a un mundo que, realmente, quiere lo que usted puede hacer.

Chapter 9
A Tool and... A Mindset

Globish can achieve what it does because it is useful English *without* a huge number of words and cultural idioms. If Globish speakers can use just this middle level of English, they will be respected everywhere in the world. But the most important difference between English and Globish is how we think when we use Globish.

Who is responsible for effective communication? Is it the speaker and writer, or the listener and reader? The listener and reader cannot make communication good if the speaker or writer does not help. Who is guilty if the message does not get across? Who should do everything possible to make sure he or

Capítulo 9
Una herramienta y... un modo de pensar

Globish logra lo que hace porque es inglés útil *sin* un gran número de palabras y expresiones idiomáticas cultas. Si los hablantes de Globish pudiesen utilizar este nivel medio de inglés, serían respetados en todas partes del mundo. Pero la diferencia más importante entre el inglés y Globish es cómo pensamos cuando usamos Globish.

¿Quién es el responsable de la comunicación efectiva? ¿Es el hablante y el escritor o el oyente y el lector? El oyente y el lector no obtendrán una buena comunicación si el hablante o escritor no ayudan. ¿Quién es el culpable si el mensaje no llega? ¿Quién debería hacer todo lo posible para

she is understood?

In English, the usual native speaker would answer: "Not me. I was born with English as a mother tongue, and I started listening to it – and learning it – in my mother's arms. If you do not understand me, it is your problem. My English is perfect. When yours gets better, you will not have the same difficulty. If you lack the drive to learn it, this is your problem, and not mine. English is the most important language. I am not responsible for that, but there is nothing I can do to make it different."

Globish is the complete opposite: the person who wants to talk must come at least half the distance to the person he talks to. He or she must decide what is necessary to make the communication happen. The native English speaker or the excellent speaker of English as a second language must say: "Today I must speak at the Globish level so this other person can understand me. If

asegurarse de ser entendido?

El angloparlante nativo corriente diría (en inglés): "Yo no. Nací con el inglés como lengua materna y lo comencé a escuchar y aprender en brazos de mi madre. Si no me entiende, ese es su problema. Mi inglés es perfecto. Cuando el suyo mejore, no tendrá las mismas dificultades. Si abandona su aprendizaje, es su problema, no el mio. El inglés es el idioma más importante. No soy responsable de ello y no hay nada que pueda hacer para que sea diferente".

Globish es completamente lo opuesto: la persona que quiera hablar tendrá que recorrer, al menos, la mitad de la distancia a la persona con la que habla. Deberá decidir qué es necesario para que la comunicación ocurra. El angloparlante nativo o el excelente hablante de inglés como segunda lengua, dice: "Hoy debo hablar en el nivel Globish para que la otra persona me entienda. Si mis oyentes no me entienden, es

my listeners do not understand me, it is because I am not using the Globish tool very well. This is my responsibility, not theirs." Of course, not everyone accepts the idea of Globish yet. Perhaps they never heard about it. Perhaps they could never find the time to learn about it. Or perhaps they did not think they needed it.

Even if there are just two people, if this communication is important, Globish will help. This means you – the speaker – will take responsibility, using simple Globish words in a simple way, and using Globish "best practices" including body language and charts or pictures we can see. Most of all, when using Globish, the speaker should wait for the listeners, to check they understand.

If there is a group of people, maybe only one does not speak Globish. The speaker can think: "This person is the only one in the group who can not understand or

porque no estoy utilizando muy bien la herramienta Globish. Esa es mi responsabilidad, no la de ellos". Por supuesto que no todos aceptan aún la idea Globish. Tal vez nunca escucharon de ella. Tal vez nunca tuvieron tiempo para aprender acerca de ella. O tal vez pensaron que no lo necesitarían.

Incluso si hay sólo dos personas, si esa comunicación es importante, Globish ayudará. Esto significa que usted, el hablante, tendrá la responsabilidad de usar palabras simples de Globish de una manera sencilla y usando las "mejores prácticas" de Globish, incluido el lenguaje corporal y gráficos o ilustraciones que se puedan ver. Sobre todo, cuando utilice Globish, el hablante debera esperar a los oyentes para controlar que lo hayan comprendido.

En un grupo de personas, tal vez sólo uno no hable Globish. El hablante puede pensar: "Esta es la única persona del grupo que no entiende o habla Globish.

communicate in Globish. That is too bad. I will ask one of the others to help that one by explaining what was said in this discussion."

So sometimes we decide it is better to communicate with those who understand, and let them tell any others. This means it is good to stop now and then, so the other persons can learn what was said. The English speakers will understand anyway, and the below-Globish level will not at all, but you must work with the identified Globish group until you succeed. If you do not communicate with those, the failure will be yours.

On the other hand, there will be times when you are with native English speakers who do not know about the Globish guidelines, never heard of them, or just don't want to hear about it. But it is up to you to bring the discussion to the correct level. This is in your best interest, but it is also your duty, because many of the

Esto es muy malo. Le pediré a una de las otras personas que lo ayuden, explicándole qué se dijo en este debate".

Por lo que, a veces, decidimos que es mejor comunicarnos con aquellos que entienden y que, luego, le cuenten a los demás. Esto significa que es bueno detenerse cada tanto, para que las otras personas entiendan lo dicho. Los angloparlantes entenderán de todas maneras y los que estén por debajo del nivel Globish, no entenderán nada, pero se debe trabajar con el grupo de Globish hasta obtener el éxito. Si no se comunica con ellos, el fracaso será suyo.

Por otro lado, habrá veces en que esté con angloparlantes nativos que no conocen las pautas Globish, que nunca escucharon sobre ellas o que, simplemente, no quieren saber nada de ellas. Depende de usted llevar el debate al nivel correcto. Esto resulta en su propio beneficio pero es también su deber porque muchos de los miembros de

members of this group may already be lost in this discussion.

You must now be their Globish leader. They will be more than thankful to you for bringing the matter into the open without fear. It is easy. Many English speakers forget about others or just do not think about them. You just have to raise a hand, wave it until you are noticed, and say: "Excuse me, I am sorry but some of us do not understand what you are saying. We need to understand you. Could you please repeat, in Globish please, this time?"

To be sure, you will have a reaction, and your native-speaker friend might understand the point for the rest of his or her life. You will have done a great service. But the first reaction is most likely going to be a surprise: "Globish, what's that?" It will give you a fine opportunity to explain the story you now understand, and give its reasons. At best you will have an interested native

este grupo estarán perdidos en esta discusión.

Ahora, deberá ser su líder Globish. Le estarán más que agradecidos por sacar este tema a la luz sin temor. Es fácil. Muchos angloparlantes se olvidan de los demás o, simplemente, no piensan en ellos. Usted sólo tiene que levantar la mano, agitarla hasta ser notado y decir: "Disculpe, lo siento, pero algunos de nosotros no entendemos lo que está diciendo. Es necesario entenderlo. Por favor ¿puede repetirlo, esta vez en Globish?

Seguramente, obtendrá una reacción y su amigo hablante nativo habrá entendido el punto para el resto de su vida. Habrá hecho un gran servicio. Pero, probablemente, la primera reacción sea de sorpresa: "¿Globish, qué es eso?" Le dará una buena oportunidad para argumentar sobre el tema que conoce y fundamentarlo. En el mejor de los casos, obtendrá la

speaker, who wants to know more, will understand your explanation, and will become a much better global communicator, and a Globish friend. That person will see that Globish is often better than English because it is much more sympathetic.

As we said, pronunciations are "acceptable" as soon as they are understood. A foreign accent is never a mistake; it is part of a person's special quality. It makes you different, and can even make you sound sexy. People who have reasonable Globish pronunciation can now stop trying to make it "better" – or to get closer to some native English speaker's – if they are understood.

We said Globish is still correct English. This means you are expected to write and speak in correct English. The grammar should be reasonable –about subjects and actions, time and place. Globish does not worry about very small differences in

atención de un hablante nativo que querrá saber más, entenderá su explicación y será un mejor comunicador global, y un amigo de Globish. Esa persona notará que, a menudo, Globish es mejor que el inglés, porque es mucho más comprensible.

Como decíamos, las pronunciaciones son "aceptables" en la medida en que sean entendibles. Un acento extranjero no es nunca un error, es parte de la cualidad especial de una persona. Lo hace diferente e incluso lo puede hacer sonar sexy. Las personas que tienen una pronunciación Globish razonable y son entendidas, pueden dejar entonces de tratar de "mejorarla" o acercarla a la de algunos angloparlantes nativos.

Dijimos que Globish es un inglés correcto. Esto significa que se espera que pueda escribir y hablar un inglés correcto. La gramática debería ser razonable en lo referido al tema y la acción, tiempo y lugar. A Globish no le preocupan las muy

American and British speech or spelling or grammar. (And neither should anyone else.)

Globish is much more forgiving because it is asking for understanding, not perfect English. But there is an extra benefit in Globish to all native and non-native speakers: simplicity. It is what older politicians tell younger politicians about their first speeches. It is what older advertising people tell the bright younger ones about making a successful advertisement. It is what news editors tell their young writers about making a good news story. And it is what every English speaking professor should tell every non-native English student about writing and speaking.

On one side of the ocean, Winston Churchill said: "Never use a pound (£) word when a penny (1d) one will

pequeñas diferencias entre el habla, la ortografía o la gramática estadounidense y la británica. (Y tampoco debería preocuparle a nadie más).

Globish es mucho mas permisivo porque pide comprensión, no un inglés perfecto. Pero Globish tiene un beneficio extra para todos los hablantes nativos y no nativos: la simplicidad. Es lo que los políticos mas viejos le dicen a los jóvenes políticos acerca de sus primeros discursos. Es lo que las personas con más antiguedad en la publicidad le dicen a los jóvenes brillantes acerca de producir anuncios exitosos. Es lo que los editores de noticias le dicen a los jóvenes escritores para que escriban bien una noticia. Y es lo que todo profesor angloparlante le debería decir sobre escritura y oratoria, a todo estudiante de inglés no nativo.

De un lado del océano, Winston Churchill dijo: "Nunca utilices una palabra de una libra cuando una de

do"....

un penique pueda decirlo ..."

And a similar saying known to Americans:

Y un dicho similar conocido por los estadounidenses:

K. I. S. S. =   Keep It Simple, Stupid.

K. I. S. S. =   Keep It Simple, Stupid. (Sé simple, tonto)

Necesidad mundial de inglés "suficiente

(MRCEI = Marco de Referencia Común Europeo para Idiomas)

Worldwide Need for "Enough" English

(Globish en el Nivel "B1" del MRCEI)

(Globish at C.E.F.R. "B1" Level)

200,000,000

150,000,000

100,000,000

50,000,000

(2 million) 2007   (2M) 2008   (2M) 2009   (2M) 2010   (2M) 2011
(2 millones)

Current TOEFL Completions

Exámenes de inglés como idioma extranjero (TOEFL), finalizados al presente.

88

Chapter 10
Globish in Many Places

Globish has no desire to be a cultural language like French, or Chinese...or English. People who will use Globish already have their own respected culture and their own language. They will use Globish only as a tool, but it will be the chosen tool of a huge majority of people around the world. When they see ahead to this future many non-native English speakers will decide this is still English. And it is really a form of English, a clear form of that language. They may fear that English is winning over everything they love. They may see this as a threat to their own mother tongue and their culture. So they might decide that they have to fight for the survival of their French, Japanese, Russian or Tagalog – their

Capítulo 10
Globish en muchos lugares

Globish no tiene la intención de ser un idioma cultural como el francés, el chino... o el inglés. La gente que utiliza Globish ya tiene su cultura propia y respetada y su propio idioma. Utilizarán a Globish sólo como una herramienta, pero será la herramienta elegida por una gran mayoría de personas alrededor del mundo. Al mirar hacia el futuro, muchos angloparlantes no nativos determinarán que esto sigue siendo inglés, una forma clara de ese idioma. Tal vez teman que el inglés triunfe sobre todo lo que aman. Podrán verlo como una amenaza hacia su lengua materna y su cultura. De manera que podrían tomar la decisión de pelear por la supervivencia de su francés, japonés, ruso o tagalog, su

home and beloved language. Each of them is a respected cultural language for many people.

This threat could be true IF we were advising you to learn English. That would be helping English compete with other cultural languages. A few cultures have already taken extreme steps because they fear that the English culture will replace their own. They feel it brings poor values and takes away the strength of their own culture.

However, advising you to learn Globish does the opposite. Globish cannot have any cultural goals, so it does not threaten anyone's language or anyone's culture. It replaces the English competition. Using only Globish could keep all these wonderful cultures *safer* from the English cultural invasion.

Globish can also protect the English language from being "broken" by other cultures.

English is a very special case today. In fact, the non-native English speakers who use English are far more numerous than native English speakers. So the non-native speakers will decide and lead in the future of the English language. They will create and present new words, and will throw away the old words. This will happen unless the Globish idea becomes an accepted tool. If this happens, it will give the English language a chance to survive as a cultural language.

Globish offers the English-speaking countries a chance to say: We have a wonderful language, linked to a wonderful culture, and we would like to save all of that. However, we accept that international communication today is mostly using our language. But we can divide the language in two parts. One form will be for English culture that is ours, and one form will be for global

al tomar contacto con otras culturas. El inglés es hoy un caso muy especial. De hecho, los angloparlantes no nativos que utilizan el inglés son mucho más numerosos que los angloparlantes nativos. De manera que los hablantes no nativos decidirán y guiarán el futuro del idioma inglés. Crearán y presentarán nuevas palabras y eliminarán las palabras viejas. Esto sucederá a menos que la idea Globish se convierta en una herramienta aceptada. Si esto sucede, dará al idioma inglés una oportunidad de sobrevivir como un idioma cultural.

Globish le ofrece a los países de habla inglesa la oportunidad de decir: tenemos un idioma maravilloso, ligado a una cultura maravillosa y nos gustaría mantener todo ello. No obstante, aceptamos que hoy la comunicación internacional está utilizando mayoritariamente nuestro idioma. Pero podemos dividir al idioma en dos partes. Una, que es nuestra,

communication, trade, and traveling (and this is Globish, with exact rules.) We will attempt to use this second form - Globish - whenever we are in those other worlds which are not part of the English culture (s). And we are the lucky ones...Learning Globish for us will be much easier than learning a new language for each place.

sería para la cultura inglesa y la otra sería para la comunicación global, el comercio y los viajes (y esto es Globish, con reglas precisas). Intentaremos usar esta segunda forma, Globish, siempre que estemos en aquellos otros países que no forman parte de la cultura inglesa. Y somos los afortunados... para nosotros, aprender Globish será mucho más fácil que aprender un nuevo idioma para cada lugar.

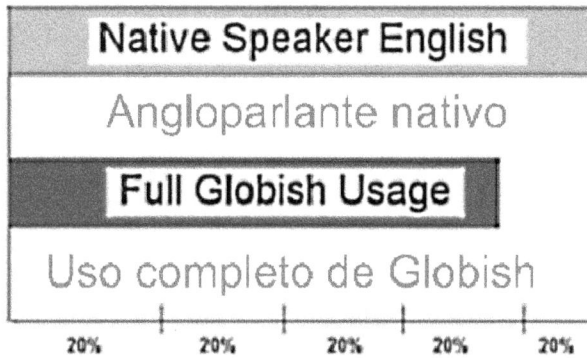

Native Speaker English
Angloparlante nativo
Full Globish Usage
Uso completo de Globish

20%   20%   20%   20%   20%

(Relative Daily English Needs)

Necesidades relativas al uso diario del inglés

If you are delivering a speech in front of a large international audience, you have to deal with many different levels of English. You might think they are like one person, but each individual has different abilities.

On top of that, someone will be recording you, and your performance will be available in many ways, including on the TV and on the Internet and on DVDs. You need to be understood quickly by the largest possible number. You might think that excellent speakers of two languages are the answer. Interpreters give second-by-second changes to the audience in their languages. But even that method is much better with Globish than with English. The Globish limitations and especially its simpler sentences, shorter and lighter, all ensure better correctness when the speech is changed to another language.

Ask any interpreter: Their worst experience is the long,

Si habla frente a una gran audiencia internacional, se las tendrá que ver con distintos niveles de inglés. Puede pensar que es sólo una persona, pero cada individuo tiene capacidades distintas.

Además, alguien lo puede esta grabando, por lo que su desempeño va a estar disponible en varias formas, incluida la televisión, Internet o DVD. Necesita ser entendido rápidamente por el mayor número de personas posible. Podría pensar que la respuesta son hablantes excelentes de dos idiomas. Los intérpretes convierten, segundo a segundo, los idiomas para la audiencia. Pero incluso ese método es mucho mejor con Globish que con el inglés. Las limitaciones de Globish y, especialmente, sus oraciones simples, más cortas y ligeras, aseguran una mayor corrección cuando se traduce el discurso a otro idioma.

Pregúntele a cualquier intérprete: su peor

involved sentences where they get lost. This person needs to listen to all of the words to get the meaning, and if the talk is too long, he or she has lost the beginning when the end finally comes. But those kinds of statements-within-statements are mistakes in Globish.

The other horrible experience of the interpreters is seeing words used differently in a field or subject that they don't know. In English there is the word "program", and it means very different things on the TV and on the computer. The interpreter who does not know the field completely will make too many mistakes. On the other hand, if you are talking in Globish, many people in the audience will choose to listen directly to you. The simplest solution is to say things in Globish. You can then use special "technical words" – along with pictures to support them – in a way that

experiencia es la oración larga y complicada, en la que se pierde. Esta persona necesita escuchar todas las palabras para entender el significado y, si la conversación es demasiado larga, cuando finalmente concluya habrá olvidado el principio. Todos esos enunciados dentro de otros enunciados son un error en Globish.

La otra experiencia horrible de los intérpretes es ver la utilización diferente de las palabras en un campo o tema que no conocen. En inglés hay una palabra "programa" que significa distintas cosas, ya sea en la televisión o en la computadora. El intérprete que no domine el terreno completamente, cometerá muchos errores. Por otro lado, si está hablando en Globish, muchas personas de la audiencia elegirán escucharlo directamente a usted. La solución más simple es decir las cosas en Globish. Puede usar luego "palabras técnicas" especiales, junto a imágenes,

people in the industry will quickly understand.

It is very difficult to use Globish guidelines while you are creating your words right there in front of people. But once you are familiar with the idea, practice makes it easier within a short time. The safest way, however, is to give a speech from a written text, and go over that text with Globish software. It will improve the "hit rate" of the speech (a technical term for the percent of people who listen and do understand). Usually it is at least three times better, and ten times with some listeners who are *not* native English speakers.

A good example is the excellent video tape to the Iranian people by President Obama in 2009. It was in Globish-like language and it could be understood by much of the world without translation. They also listened to Obama's same

para apoyarlas, de forma tal que las personas en la actividad puedan entender rápidamente.

Es muy difícil usar pautas Globish cuando se están eligiendo las palabras directamente frente a las personas. Pero una vez que se está familiarizado con la idea, en un corto tiempo la práctica lo hace más fácil. No obstante, la forma mas segura es hablar a partir de un texto escrito y repasar dicho texto con el software Globish. Mejorará la "tasa de aciertos" en el discurso (término técnico que indica el porcentaje de personas que escuchan y entienden). Por lo general es tres veces mejor, como mínimo, y diez veces en el caso de los oyentes que *no son* angloparlantes nativos.

Un buen ejemplo es la excelente cinta de video dirigida por el Presidente Obama al pueblo iraní en 2009. Fue hecha en un lenguaje parecido al Globish y la pudo entender gran parte del mundo, sin necesidad de traducción.

words in Jerusalem and Ramallah, in Istanbul and in Seoul. In too many other cases, however, major international speeches are made at a level of English that is too difficult for non-native speakers. Of course those international speakers think they did their job. They are wrong. Their job was to be understood by all their listeners.

If you are a native English speaker, you could argue that things are very different when you write. You know who you are writing to, and you know that his or her English is very good. Perhaps you write to that person with difficult words to show your ability with the language. But this could be another huge mistake. Very often good ideas are passed on "as is" to others. You should know that whatever you write today is not written just for the person you send it to. It is always written for the whole wide

También en Jerusalén y Ramallah, en Estambul y en Seúl, escucharon las mismas palabras de Obama. No obstante, en muchos otros casos, se dicen discursos internacionales importantes en un nivel de inglés que es demasiado difícil para hablantes no nativos. Naturalmente, esos oradores internacionales piensan que hicieron su trabajo. Están equivocados. Su trabajo era que todos sus oyentes lo entendieran.

Si es un angloparlante nativo, podrá argumentar que las cosas son distintas cuando se escribe. Conoce a quién le escribe y sabe que su inglés es muy bueno. A lo mejor, le escribe a esa persona con palabras difíciles para mostrarle sus habilidades con el idioma. Pero este puede ser otro gran error. Frecuentemente, las buenas ideas son transmitidas a los otros "como son". Debería saber que lo que escribe hoy, no está escrito sólo para la persona a quien se lo dirigió. Está escrito siempre para

world. And for this reason, it should be in Globish. If it is forwarded through the Internet it can go around the world 4000 times before you finish your next call. The problem is, if they don't understand it, they will still try to pick up a few words and tell that to their friends. And then what you didn't say well they will say even more poorly in 5000 other languages. The good news is that now you can talk to the whole world at the speed of light. But the really bad news is that no one will ever tell you they don't understand. They would be ashamed to show their limitations, so they will all say back to you: "Oh yes, it was very interesting."

You could be working for a global company, with shares owned by people from 123 different countries. They speak almost as many languages. Look closely at your yearly report, and at all the papers sent to

todo el ancho mundo. Y por esta razón, debería ser en Globish. Si es reenviado a través de Internet, puede recorrer el mundo 4000 veces antes de que termine su próxima llamada. El problema es que, si no lo entienden completamente, recogerán sólo algunas pocas palabras y eso es lo que le dirán a sus amigos. Y entonces, lo que no expresó bien, será dicho aún peor en otros 5000 idiomas. La buena noticia es que, ahora, puede comunicarse con todo el mundo a la velocidad del sonido. Pero la noticia realmente mala es que nadie le dirá nunca que no lo entendió. Estarán avergonzados de mostrar sus limitaciones, por lo que todos le responderán: "Oh, sí, muy interesante".

Podría estar trabajando para una empresa internacional, con acciones propiedad de personas de 123 países diferentes. Hablan casi la misma cantidad de idiomas distintos. Observan detenidamente el informe

shareholders. It is probably written in wonderful English which non-native English speakers from the 117 non-English speaking countries can almost understand. Or is it written in Globish, using exactly the same numbers and saying exactly the same things, but understandable by many more of those shareholders?

If you work in a government agency in an English speaking country, look at the papers and forms for the citizens. Many people –who are new to the country and to your language – will have to fill in those forms. They should reach the Globish level soon, and that may be fairly easy. But then, they should get papers written only in Globish, which are understandable *both* by these new ones *and* by all the English-speaking citizens. It would cost much less than printing every paper and form in many different languages. And new people

anual y todos los documentos enviados a los accionistas. Es probable que estén escritos en un inglés maravilloso, que angloparlantes no nativos de 117 países de habla no inglesa apenas puedan entender. ¿O escritos en Globish, usando exactamente los mismos números y diciendo exactamente las mismas cosas, pero comprensible para muchos más de esos accionistas?

Si usted trabaja en alguna repartición del estado de un país angloparlante, observe los documentos y formularios para los ciudadanos. Muchas personas, nuevas para el país y para el idioma, deberán completar esos formularios. Deberían alcanzar pronto el nivel Globish, lo que puede resultar bastante fácil. Pero entonces, deberían recibir documentos escritos sólo en Globish, entendibles para *ambos,* para los nuevos ciudadanos *y* para todos los ciudadanos de habla inglesa. Costaría mucho menos que imprimir cada documento y formulario en varios idiomas

could perform better and more quickly in the economy if they could read the language. Globish can fill this need, but that nation must make this standard, and demonstrate it in all its important papers.

There will always be a few of the new people who cannot yet operate in Globish, even to read simple writing. They may still need to see something in their languages. From normal English the usual solution would be many translators, one for each language. Their work might be excellent, but it would take a lot of time and a lot of money.

You could also decide to have computer translations to these languages from English. But you must make sure that it works; here is how to do that. Have the computer translate part of your English version into – say – Poldevian. When you have a result, do not show it

diferentes. Y nuevas personas podrían rendir mejor y más rápidamente en economía, si pudieran interpretar el idioma. Globish puede satisfacer esta necesidad, pero ese país debería cumplir con este estándar y demostrarlo en todos los documentos importantes.

Siempre existirán algunas de estas nuevas personas que no pueden aún manejarse con Globish, incluso para leer textos simples. Puede que todavía necesiten ver cosas en su propio idioma. Para el inglés normal, la solución habitual sería tener varios traductores, uno para cada idioma. Su trabajo podría ser excelente, pero llevaría mucho tiempo y costaría mucho dinero.

También puede decidir tener traducciones del inglés a estos idiomas, por computadora. Pero debe asegurarse que funciona y acá está cómo hacerlo. Haga que su computadora traduzca parte de su versión inglesa, digamos, al poldavio. Cuando obtenga un

immediately to the Poldevians. Instead, order the computer to change the Poldevian document back to English. If you think you can understand it – and accept it – then the process is good. In most cases you will be surprised in a bad way. You will decide that computers cannot change languages very well yet. However, Globish has a much better chance of giving good results in computer translation. It has simpler sentence structures, and uses the most common English words. Many times, the computer translation from Globish to Poldevian will give better results, but not perfect results. This is true of most of Globish, where the goal is to create understanding without 100% perfection.

We must remember,

resultado, no se lo muestre inmediatamente a los poldevianos. En su lugar, ordene a su computadora cambiar el documento en poldeviano de vuelta al inglés. Si piensa que lo puede entender y aceptarlo, entonces el proceso es bueno. En la mayoría de los casos, se sorprenderá para mal. Llegará a la conclusión de que las computadoras aún no pueden traducir bien los idiomas. Sin embargo, Globish tiene una oportunidad mucho mejor de proporcionar mejores resultados en la traducción por computadora. Tiene estructuras de oraciones más sencillas y utiliza las palabras más comunes del inglés. Muchas veces, la traducción de Globish a poldavio por computadora dará mejores resultados, pero no resultados perfectos. Esto es cierto en la mayoría del Globish, donde el objetivo es generar entendimiento aunque no sea con el 100% de perfección.

No obstante, debemos

however, that Globish is not a holy language. It is an idea, a guidance. The better you keep to it, the more people will understand you. Perhaps it is like a diet. The closer you stay to it, the more weight you lose. But no diet is going to fail if – just a few times – you have a glass of wine, or a beer. Off-limits words in Globish are not wrong; it is just not wise to bring in difficult words too often. You can use a rare word because no other one will do, and many readers will run to their word books. Or you can use two Globish words that are widely understood by your readers or listeners... and mean the same thing. It is up to you. But the more you stay with the guidance, the better chance you have of everyone understanding you.

It is clear also that people who decide to use Globish will possibly master many more words than the list

recordar que Globish no es un idioma sagrado. Es una idea, una orientación. Cuanto más se atenga a él, más personas lo entenderán. Tal vez sea como una dieta. Cuanto más la siga, más peso perderá. Pero ninguna dieta fallará si, sólo unas pocas veces, bebe un vaso de vino o de cerveza. Las palabras más allá de los límites de Globish no están mal, simplemente no es prudente introducir palabras difíciles muy a menudo. Puede utilizar una palabra poco común en caso que ninguna otra le sirva, pero muchos lectores correrán a consultar sus diccionarios. O puede utilizar dos palabras Globish que sean ampliamente entendidas por sus lectores u oyentes... y decir la misma cosa. Depende de usted. Pero cuanto más se mantenga dentro de lo aconsejado, más oportunidades tendrá de que todos lo entiendan.

También está claro que las personas que decidan usar Globish conocerán, probablemente, muchas mas

given here. This is clearly true for advanced English students, of course, but also for the other speakers. In many cases the non-native speakers will hear speech or see written material that uses more difficult words. In most cases, non-native speakers will learn these new words, and have them available in case they need to use them again later. This is a good result. We are not suggesting that people close their eyes and their ears to all new words. And there will often be native English speakers who reject the Globish idea completely. With this kind of people, more words will always help the non-native speakers to understand.

But these borders of this Globish "middle ground" are not made to keep people in or out. If all speakers know they can come back and be welcomed into Globish, then communication has a chance.

palabras que las dadas aquí. Esta es una verdad evidente para los estudiantes avanzados de inglés, por supuesto, pero también para los otros hablantes. En muchos casos, los hablantes no nativos escucharán discursos o verán material escrito con muchas palabras difíciles. En la mayoría de los casos, los hablantes no nativos aprenderán estas nuevas palabras y las tendrán disponibles en caso de que necesiten usarlas de nuevo. Este es un buen resultado. No sugerimos que la gente cierre los ojos y sus oídos a todas las palabras nuevas. Y, a menudo, habrá angloparlantes nativos que rechacen completamente la idea Globish. Con este tipo de personas, el conocer más palabras ayudará siempre a los hablantes no nativos a entender.

Pero estos límites de la posición intermedia de Globish no están hechos para mantener a las personas adentro o afuera. Si todos los hablantes saben que pueden volver y ser bienvenidos a Globish, entonces la

comunicación   tiene   una
oportunidad.

Technical Words

Interpreter - a person who tells the meaning in one language to those who speak another language.

Translation - Changing of one language to another. Sometime human translators are called interpreters as well.

Part 2
Elements of
Globish

Parte 2
Elementos de
Globish

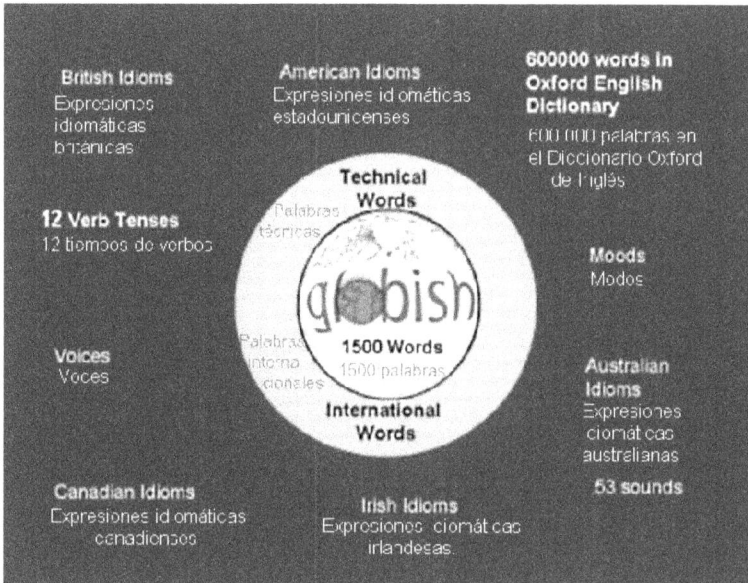

British Idioms
Expresiones idomáticas británicas

American Idioms
Expresiones idomáticas estadounicenses

600000 words in Oxford English Dictionary
600 000 palabras en el Diccionario Oxford de Inglés

Technical Words
Palabras técnicas

12 Verb Tenses
12 tiempos de verbos

Moods
Modos

gl0bish

Voices
Voces

Palabras internacionales

1500 Words
1500 palabras

International Words

Australian Idioms
Expresiones idomáticas australianas

Canadian Idioms
Expresiones idomáticas canadienses

Irish Idioms
Expresiones idomáticas irlandesas

53 sounds

(1500 words, 6-10 verb-time formations, phrasal verbs, 8 parts of speech, plus Active, Passive, Conditional forms. Best: 15-word sentences, Maximum 26-word sentences)

(1500 palabras, 6 a 10 formas de tiempos verbales, verbos con preposiciones, 8 partes de oración, más formas de voz activa, pasiva y condicional. Lo mejor: oraciones de 15 palabras, máximo de 26 palabras por oración).

Chapter 11
How much is "enough"?

Globish is "enough" English. That is why a person can learn it more quickly than full English. There are many structures, rules, and ways of using English which make it difficult. Globish has limits so that it is easier to learn and start speaking. A person can know exactly *what* to learn. This is also very helpful in communication between people of varying English abilities. They can all know what to say and write.

But the question will always be asked: "What does "enough" mean? What is "enough?" "Not enough" means that you cannot communicate comfortably

Capítulo 11
¿Cuánto es "suficiente"?

Globish es inglés "suficiente". Por eso es que una persona puede aprenderlo con más rapidez que al inglés completo. Existen muchas estructuras, reglas y formas de usar el inglés que lo convierten en difícil. Globish tiene límites, por lo que es más fácil de aprender y de empezar a hablar. Una persona puede saber exactamente *"qué"* aprender. Esto es también muy útil para la comunicación entre personas de distintas capacidades en inglés. Todos saben qué decir y qué escribir.

Pero siempre se hará la pregunta: ¿Qué significa "suficiente"? ¿Qué es "suficiente"? "No suficiente" significa que no se puede comunicar cómodamente con

with anyone, in English or Globish. You may not know enough words or – more likely – you do not say words with the right stresses, or you may not know simple sentence forms and verb forms. So how much is "too much?" "Too much" makes many students learning English feel they will "never be good enough" in English.

The Council of Europe offers a *Common European Framework of Reference for Languages* (C.E.F.R.) that offers a situational test for users of all second languages. By their standard, the best user of Globish would be an Independent User (Their category called "B1") THIS IS GIVEN EXACTLY IN C.E.F.R.'s ENGLISH:

Can understand the main points of clear standard input on familiar matters regularly encountered in work, school, leisure, etc. Can deal

nadie, en inglés o en Globish. Puede que no conozca suficientes palabras o bien que no diga palabras con el acento correcto o puede que no conozca formas y tiempos de verbos para oraciones simples. Así que, ¿cuánto es "demasiado"? "Demasiado" provoca que muchos estudiantes que aprenden inglés sientan que "nunca serán suficientemente buenos" en inglés.

El *Marco Común Europeo de Referencia para las Lenguas* (C.E.F.R., por sus siglas en inglés) que ofrece un test de situación para los usuarios de segundos idiomas. Por su estándar, el mejor usuario de Globish sería un Usuario Independiente. (Su categoría se denomina "B1"). ESTE TEST SE TOMA, PRECISAMENTE, EN INGLÉS C.E.F.R.:

Puede comprender los puntos principales de información clara y estándar sobre temas conocidos, que se encuentran por lo general en el trabajo,

108

with most situations likely to arise whilst travelling in an area where the language is spoken.

Can produce simple connected text on topics, which are familiar, or of personal interest. Can describe experiences and events, dreams, hopes & ambitions and briefly give reasons and explanations for opinions and plans.

That is the test for "enough" for their B1 - Independent User. It would be enough for the Globish user too, if we added this:

"Uses all words needed to join in a given profession or activity; uses International words

en la escuela, en el esparcimiento, etc. Puede tratar con la mayoría de las situaciones que probablemente se presenten cuando se viaja a una zona donde se hable el idioma.

Puede producir textos conectados simples sobre temas que son conocidos o de interés personal. Puede describir experiencias, acontecimientos, sueños, esperanzas y aspiraciones y, sucintamente, dar razones y explicaciones para opiniones y planes.

Este es el test para obtener "suficiente" en el nivel B1 del usuario independiente. También debería ser suficiente para el usuario Globish, si agregamos:

Utiliza todas las palabras necesarias para participar en una determinada profesión o actividad,

109

appropriate in all travel or international business situations."

But many Globish users can operate at the higher Level B2 of that same C.E.F.R. Independent User standard:

"Can understand the main ideas of complex text on both concrete and abstract topics, including technical discussions in his/her field of specialisation. Can interact with a degree of fluency and spontaneity that makes regular interaction with native speakers quite possible without strain for either party. Can produce clear, detailed text on a wide range of subjects and explain a viewpoint on a topical issue giving the advantages and disadvantages of

usa palabras internacionales adecuadas a todas las situaciones de los viajes o de los negocios internacionales.

Pero muchos usuarios Globish pueden actuar en el nivel superior B2 para el mismo estándar C.E.F.R. del usuario independiente.

"Puede entender las principales ideas en textos complejos sobre temas concretos y abstractos, incluidas discusiones técnicas en el campo de especialización. Puede interactuar con un grado de fluidez y espontaneidad, que permita una relación regular con angloparlantes nativos, sin tensión para ambas partes. Puede producir un texto claro y detallado en una amplia gama de temas y explicar su punto de vista sobre un tema actual, citando las ventajas y

So there are people who have been thinking about this Globish "level" of language use. There are many, many more who have been using something quite close to Globish. Even with few written standards, some have called it Globish because they feel their level of usage is "Globish." They are using the word "Globish" to establish a level of comfort - a middle ground to communicate with others. Now we hope they can be even more certain because of the observations in this book.

At the risk of saying some important things once again, we will now unite some observations from the first part of the book. This will lay the groundwork for describing major language elements that are important to Globish.

Por eso existen personas que han estado pensando acerca de este "nivel" de Globish en el uso del idioma. Hay muchos, muchos más que han estado usando algo muy parecido a Globish. Incluso con pocos estándares escritos, algunos lo han llamado Globish porque sienten que su nivel de utilización es "Globish". Están usando la palabra "Globish" para determinar un cierto grado de comodidad, una posición intermedia, para comunicarse con otros. Esperamos ahora que puedan ser más precisos a raíz de las observaciones de este libro.

Con el riesgo de repetir algunas cosas importantes una vez más, juntaremos ahora algunas observaciones de la primera parte de este libro. Esto preparará el trabajo previo para describir los elementos principales del idioma que son importantes para Globish.

First we will review the ways Globish is like English and then how Globish differs from English. Then, we will examine what makes this Closed System of Lenguaje natural an effective tool for world communication.

English speakers may well say: If Globish is like English, why not just learn English? But there are certain things English speakers do not try to understand. That is one of the main reasons people in many places will be speaking Globish.

Primero, revisaremos en qué se parece Globish al inglés y, luego, cómo se diferencia Globish del inglés. Después, estudiaremos qué hace que este sistema cerrado de lenguaje natural sea una herramienta efectiva para la comunicación mundial.

Los angloparlantes bien podrían decir: si Globish es como el inglés, ¿por qué no aprender, simplemente, inglés? Pero hay algunas cosas que el angloparlante no intenta entender. Esa es una de las principales razones por las que en muchos lugares, la gente hablará Globish.

Chapter 12
Is Globish the Same as English?

Globish is correct English

Native English speakers can easily read and understand this book. But because of this, English speakers do not always notice that Globish is not just **any** English. They can miss the value of limiting their English to Globish. It should instead be a comfort to them, that what they are reading can also be easily understood by Globish speakers as well.

In reading this book, all English-speakers are observing a "common ground" *in action*. Most probably as many as one and a half billion other people can read and understand this

Capítulo 12
¿Es Globish lo mismo que el inglés?

Globish es inglés correcto

Los angloparlantes nativos pueden leer y entender fácilmente este libro. Por ello, los angloparlantes no siempre se dan cuenta de que Globish no es, simplemente, **cualquier** inglés. Tal vez no valoren el limitar su inglés a Globish. En cambio, debería ser una comodidad para ellos, que lo que estén leyendo pueda también ser entendido fácilmente por los hablantes de Globish.

Al leer este libro, todos los angloparlantes observan un "terreno común" *en acción*. Muy probablemente, unas mil quinientas millones de personas puedan leer y

same book.

Of course, at first it might seem that all English speakers can use Globish almost without thinking. However, English speakers who want to speak and write Globish must do four things: (1) use short sentences; (2) use words in a simple way; as any advertiser or politician knows; (3) use only the most common English words, and (4) help communication with body language and visual additions. Also, they must find ways to repeat what they decide is very important.

Globish spelling is English spelling

Most English speakers have trouble with their own spelling, because the English words come from many cultures. There are probably more exceptions to the rules than there are rules. Often,

---

entender este mismo libro.

Claro que, al principio, puede parecer que todos los angloparlantes pueden usar Globish casi sin pensarlo. Sin embargo, los angloparlantes que quieran hablar y escribir Globish deben hacer cuatro cosas: (1) utilizar oraciones cortas; (2) utilizar palabras de una manera sencilla, como saben hacerlo los publicistas y los políticos; (3) utilizar sólo las palabras inglesas más comunes y (4) ayudar a la comunicación con el lenguaje corporal y complementos visuales. También deben encontrar formas de repetir lo que consideran que es muy importante.

La ortografía Globish es la ortografía inglesa.

Muchos angloparlantes tienen problemas con su propia ortografía, porque las palabras inglesas provienen de muchas culturas. Probablemente haya más excepciones a las reglas que reglas mismas. A menudo, la

people learn to spell English words by memory: they *memorize* what the word *looks like*.

Globish sounds like English

Globish speakers must learn to stress parts of words correctly. If the stress is correct, the word is most easily understood. It does not matter so much about the accent. And some sounds that are hard to make do not matter so much. A second problem in pronunciation is easier: the *schwa* sound can often substitute in most parts of words that are *not* stressed. (More in Chapter 16).

Globish uses the same letters, markings and numbers as English

It also has the same days, months and other time and place forms.

gente aprende a escribir palabras inglesas de memoria: *memorizan* la forma en que la palabra *se ve*.

Globish suena como inglés

Los hablantes de Globish deben aprendar a acentuar correctamente las partes de las palabras. Si la acentuación es correcta, la palabra se entiende más fácilmente. No importa tanto el acento. Y algunos sonidos que son difíciles de realizar, no importan mucho. Un segundo problema de la pronunciación es más fácil: el sonido *schwa* puede a menudo reemplazar a casi todas las partes de palabras que no están acentuadas. (Más en el Capítulo 16).

Globish utiliza las mismas letras, reglas de puntuación y números que el inglés

También tiene los mismos días, meses y otras formas de tiempo y lugar.

Globish uses the basic grammar of English, with fewer Tenses, Voices, and Moods.

Globish utiliza la gramática básica del inglés con menos tiempos, voces y modos.

Directions – Globish/English
Direcciones – Globish/inglés

(Comunicarse en 90% de las situaciones de trabajo y viajes en todo el mundo)

(Communicate in 90% of work, travel situations WWide)

(Little value without 3-5 more years of classes)

(Escaso valor sin de 3 a 5 años más de clases)

12 mo

English

Globish

1. 1500 Words plus 3500 children

   1500 palabras más 3500 derivadas

2. Simple Verb forms

   Tiempos simples de verbos

3. No Idioms

   Sin expresiones idiomáticas

1. Cultural Words from English Speaking Countries.

   Palabras culturales de paises angloparlantes

2. Numerous added Verb forms

   Numerosas formas verbales agregadas

3. Numerous Idioms

   Numerosas expresiones idiomáticas

Early Globish classes deal with basic words and pronunciation, simple present, past, future verbs, questions, parts of speech.

Las primeras clases de Globish tratan palabras básicas y pronunciación, tiempos simples (presente, pasado y futuro) de los verbos, preguntas, partes de la oración

Early Globish and English quite similar

El Globish y en inglés básicos, muy similares

G   **E**

Early English classes deal with basic words and pronunciation, simple present, past, future verbs, questions, parts of speech.

Las primeras clases de inglés tratan palabras básicas, pronunciación, tiempos simples (presente, pasado y futuro) de los verbos, preguntas, partes de la oración.

Technical Words

Capitalize - put a large letter at the first of the word.

Visual - can be seen with the eyes

Tenses - the time a verb shows, Present, Pa st, or Future order.

Voice - a type of grammar. We use Active voice most in Globish.

Moods - ways of speaking. Imperative Mood: *"Don't look at me!"*

Chapter 13
How Globish is Different from English

Globish has a different name

The name lets people know exactly how much English they are using. It also lets native English speakers know that they do not "own" this language. Globish means we use the same simple rules for everyone. And it usually means that the speaker or writer is trying to help with understanding. Globish speakers enjoy the fact that all cultures are talking *together*.

Capítulo 13
En qué se diferencia Globish del inglés

Globish tiene un nombre diferente

El nombre les permite saber a las personas, exactamente, cuánto inglés están utilizando. También les permite a los angloparlantes nativos saber que no "son dueños" de este idioma. Globish quiere decir que usamos las mismas reglas simples para todos. Y, por lo general, significa que el hablante o el escritor está tratando de ayudar a que se lo entienda. A los hablantes de Globish les gusta el hecho de que todas las culturas estén hablando *juntas*.

Globish has 1500 words, expandable in four ways:

- different use of same word,
- combinations of words,
- short additions to words,
- and Phrasal Verbs.

Also allowed are (a) Names and Titles - (capitalized), (b) international words like *police* and *pizza*, (c) technical words like *noun* and *grammar* in this book. Only common agreement between speakers can decide between them, of course, what other words to allow beyond these 1500 Globish words. If one person cannot understand an additional word, then its use is not recommended. (See

Globish tiene 1500 palabras, ampliables de cuatro maneras:

- distinto uso de la misma palabra,
- combinación de palabras,
- agregados cortos a palabras
- y los *Phrasal Verbs* (expresiones idiomáticas de verbo más preposición y que cambian el significado del verbo).

También se permiten: (a) nombres y títulos (con mayúsculas), (b) palabras internacionales como *police* y *pizza*, (c) palabras técnicas como *noun* y *grammar* usadas en este libro. Por supuesto que sólo el común acuerdo entre los hablantes puede decidir cuáles otras palabras permitir más allá de estas 1500 palabras Globish. Si una persona no puede entender una palabra adicional, entonces, no se recomienda

Chapters 16).

su uso. (Ver Capítulo 16).

Globish uses mostly Active Voice

Globish utiliza, principalmente, la voz activa.

Globish speakers should understand Passive and Conditional forms. But it is usually best for Globish users to create messages in Active Voice if possible. Who or what is doing the action must be clear in Globish. English may say:

Los hablantes de Globish deberían entender la voz pasiva y el modo condicional. Pero habitualmente, de ser posible, es mejor para los usuarios de Globish producir mensajes en voz activa. La persona o cosa que ejecuta la acción debe quedar clara en Globish. En inglés se diría:

> *The streets were cleaned in the morning.*

> *Las calles fueron limpiadas por la mañana.*

But Globish would say:

Pero Globish diría:

> *The workmen cleaned the streets in the morning.*

> *Los trabajadores limpiaron las calles a la mañana.*

Globish suggests short sentences (15 words or fewer)

Globish propone oraciones cortas (15 palabras o menos)

This limits phrases and clauses, but allows them if necessary. Instead of:

Esto limita a las frases y a las oraciones, pero se permite, de resultar necesario. En lugar de:

When we went to Paris we took a nice little hotel not far from the main shopping area so that we would not have too far to carry our purchases.

Globish speakers will say:

We went to Paris, and we found a nice little hotel. It was near the main shopping area. That way, we would not have too far to carry our purchases.

Globish pronunciation has fewer necessary sounds than traditional English

Globish sounds should be learned with each word. Most important: Globish must use syllable stress VEry corRECTly. Because there are similar sounds in most languages, each speaker may have to learn only a few new sounds.

Cuando fuimos a Paris contratamos un lindo hotelito no lejos de la principal zona comercial, por lo que no estábamos tan lejos para transportar nuestras compras.

Los hablantes de Globish dirían:

Fuimos a París y encontramos un lindo hotelito. Estaba cerca de la zona comercial. De esa manera, no estábamos tan lejos para transportar nuestras compras.

La pronunciación Globish tiene necesidad de menos sonidos que el inglés tradicional.

Los sonidos de Globish deberían ser aprendidos con cada palabra. Muy importante: Globish tiene que usar la acentuación de sílabas de manera muy precisa (ej. VEry corRECTly). Dado que existen sonidos similares en casi todos los idiomas, puede que cada hablante tenga que

aprender sólo algunos pocos sonidos nuevos.

Globish speakers use their body, their hands and their face when they talk

Los hablantes de Globish utilizan su cuerpo, sus manos y su cara cuando hablan.

They use headlines, **dark print**, <u>underline</u>, and pictures with written Globish. In meetings, Globish speakers use objects, pictures, sounds, and give things to the listeners. Good Globish speakers speak clearly, and are happy to repeat what they have said. Globish speakers check that the listeners understand before they say the next thing. They repeat all questions AND answers in meetings.

En el Globish escrito, se utilizan titulares, **letra negrita,** <u>subrayado</u> e ilustraciones. En las reuniones, los hablantes de Globish utilizan objetos, imágenes, sonidos y le entregan cosas al auditorio. Los buenos hablantes de Globish hablan con claridad y no les importa repetir lo que han dicho. Los hablantes de Globish controlan que los oyentes hayan entendido antes de continuar. En las reuniones, repiten todas las preguntas Y las respuestas.

Globish speakers are very careful about humor, idioms and examples

Globish speakers can have fun, and be friendly. But they avoid anything that might not be understood. Most people are careful not to use the same humor with their parents and their friends. Sometimes humor is good for one person but offensive to another. This is even more difficult to know about between cultures, so it is best to avoid trying to be "funny". In the same way, examples from one culture might not be good in another culture and some analogies might not carry exactly the same meaning. And idioms, things that depend on understanding a certain culture, should be avoided.

Los que hablan Globish tienen mucho cuidado con el humor, las expresiones idiomáticas y los ejemplos.

Los hablantes de Globish pueden divertirse y ser amistosos. Pero deben evitar todo aquello que pueda no entenderse. La mayor parte de las personas se cuidan de utilizar el mismo humor con sus padres que con sus amigos. A veces, el humor es bueno para una persona, pero resulta ofensivo para otra. Entre las culturas, esto es aún más difícil de ser conocido, por lo que es mejor evitar tratar de ser "gracioso". En el mismo sentido, ejemplos de una cultura pueden no ser buenos en otra y algunas analogías pueden no tener exactamente el mismo significado. Y se deben evitar las expresiones idiomáticas, que dependen de la comprensión de una determinada cultura.

Globish is a "Closed System of Natural Language"

This is what makes Globish useful, dependable, and easier to learn and use. The next chapters will be about "natural language" and Globish's closed system.

Globish es un "sistema cerrado de lenguaje natural"

Es lo que hace que Globish sea útil, confiable y fácil de aprender y usar. El próximo capítulo será acerca del "lenguaje natural" y el sistema cerrado de Globish.

Technical words

Noun - a part of speech naming a person, place, or thing.

Passive Voice - a sentence with no subject. "The house is sold."

Active Voice - usual sentence - subject first. "Mary came home."

Figurative - expressing one thing in terms of another: "on thin ice."

Analogy - using two things that have a similarity to make a case.

Analogy: "The human brain is like a computer."

Chapter 14
Natural Language Has "Experience"

People need a language that has "experience". We need to know other people have lived all their lives talking in that language. We need to know that many centuries, many parents and their children, have made it work well. Natural language is always growing. The "closed system" of Globish, of course, is a beginning definition. Over time, Globish may add necessary words as *technical* or *international* when worldwide Globish speakers are using it.

The value of having a natural language is because it has been tested with many millions of people. Its most-

Capítulo 14
El lenguaje natural tiene "experiencia"

Las personas necesitan un idioma que tenga "experiencia". Necesitamos saber que otras personas han vivido toda su vida hablando ese idioma. Necesitamos saber que durante varios siglos, muchos padres y sus hijos lo utilizaron correctamente. El lenguaje natural está creciendo permanentemente. Por supuesto que el "sistema cerrado" de Globish es una definición de principios. Con el tiempo, Globish puede agregar palabras necesarias como las *técnicas* o *internacionales* una vez que sean utilizadas por los hablantes de Globish en todo el mundo.

El valor de tener un lenguaje natural está dado en que ha sido probado con muchos millones de personas. Sus

used words have been turned over and over, like sand on a seaside, for centuries. These words are the *survivors* from all the lenguaje naturals that came into English. They are strong words, and useful words.

And these rules of Globish are not something someone just "thought up." For example, the way English deals with time through its verbs. Now all languages have different ways of communicating the order of happenings. But as much as any language, English-speakers have a proven language where events have relationships to each other in time. So timing is important to the English way of thinking, important to their communication. If they want to say something is happening "now" they use a continuous form, such as *I am reading this book*. That Present Continuous form means "exactly now." If they say *I read this book*, it means they have read it before now, are reading it now, and will

palabras más usadas han dado vueltas y más vueltas durante siglos, como la arena en la playa. Estas palabras son las *sobrevivientes* de todos los idiomas naturales que penetraron el inglés. Son palabras fuertes y útiles.

Y estas reglas de Globish no son algo que alguna persona, simplemente, "ideó". Por ejemplo, la manera en que el inglés se refiere al tiempo a través de sus verbos. Hoy, todos los idiomas tienen diferentes formas para comunicar el orden de los sucesos. Pero, al igual que cualquier idioma, los angloparlantes tienen un idioma probado donde los acontecimientos se relacionan entre sí en el tiempo. Así que la coordinación es importante en la manera de pensar inglesa, importante para su comunicación. Si quieren decir que algo está ocurriendo "ahora" utilizan una forma continua, tal como *I am reading this book*. Esa forma del presente continuo significa "exactamente ahora". Si dicen *I read this*

continue to read it in the future.

These things are all important to a "way of thinking." They don't happen by someone's plan. Natural Language grows through trial-and-mistake-and-improvement, and that is why Natural Language works!

But why do we call Globish a "Closed System?" And is "closed" good?

book, significa que lo han leído antes de ahora, lo están leyendo ahora y lo continuarán leyendo en el futuro.

Todas estas cosas son importantes para una "manera de pensar". No suceden porque alguien las haya planeado. El lenguaje natural crece por procesos, errores y mejoras, y por eso es que el lenguaje natural funciona.

¿Por qué decimos que Globish es un "sistema cerrado"? Y ¿es bueno que sea "cerrado"?

Chapter 15
A Closed System: Globish Limitations

Capítulo 15
Un sistema cerrado: las limitaciones de Globish

Closed Systems give us less to remember, and more to agree on

Los sistemas cerrados nos dan menos para recordar y más para acordar.

"Closed System" means we accept certain sets of limitations in what we are doing. It makes life easier when we agree to operate within those Closed Systems. We also have many other Closed Systems. Buses and trains and airplanes usually have places to step on and off. We usually drive on just one side of the road. Cars coming the other way stay on the other side, because it is a closed system. Otherwise, either side of the road would be OK, and there would be huge problems.

"Sistema cerrado" significa que aceptamos un cierto número de limitaciones en lo que estamos haciendo. Nos facilita la vida cuando acordamos operar dentro de esos sistemas cerrados. Tenemos también muchos otros sistemas cerrados. Autobuses, trenes y aviones tienen, por lo general, lugares donde se detienen para subir o bajar. Normalmente, manejamos de un solo lado de la calle. Los automóviles que viajan en sentido contrario se mantienen del otro lado, porque es un sistema cerrado. De otra manera, cualquiera de los lados de la calle estaría bien y

se producirían grandes problemas.

So…. why can't a language be a Closed System?

Así que… ¿por qué no puede un idioma ser un sistema cerrado?

This is why Globish is most useful, as a Closed System, a language built on common limitations. You know what you have to learn, and can do so with less effort. And when you use it, you know all the rules that the other people know. It is based on reasonable limitations that non-native English speakers have when they use English. What we have been discussing in this book are main elements of that Closed System:

Por eso Globish resulta tan útil, por ser un sistema cerrado, un idioma construido sobre la base de limitaciones comunes. Se sabe lo que se tiene que aprender y se hace con menos esfuerzo. Y cuando uno lo usa, conoce todas las reglas que las otras personas también conocen. Está basado en las limitaciones razonables que los angloparlantes no nativos tienen cuando usan el inglés. Lo que se ha tratado en este libro son los principales elementos de ese sistema cerrado.

Globish is limited to 1500 words

Globish está limitado a 1500 palabras.

Globish has limited ways of using words.

Globish tiene maneras limitadas de usar las palabras.

Globish has limited length sentences.

Globish tiene oraciones limitadas en su extensión.

Globish is limited to understanding.

Globish se limita a la comprensión.

Globish has no limits in using hands, face, or body.

Globish no tiene límites para el uso de manos, cara y cuerpo.

130

Chapter 16
1500 Basic Words

Before the English teachers all ask one question, let us answer it

When you learn a Globish word, you will not need to learn spelling rules or pronunciation rules. You will need to think of only that word. You should learn its individual pronunciation and how its individual spelling looks to you.

If you attempt to *sound out* every word from the English *spelling* **you will be sorry**. English writing has a very loose relationship with its sounds. But please…you must do everything to learn the **stressed** syllables in the Globish words. If you will say that stressed syllable in a **heavy** tone, most people can

Capítulo 16
1500 palabras básicas

Antes de que todos los profesores de inglés hagan la misma pregunta, déjennos contestarla.

Cuando se aprende una palabra Globish, no se necesita aprender las reglas ortográficas o de pronunciación. Se necesita pensar sólo en esa palabra. Debe aprender su pronunciación individual y cómo visualizar su grafía individual.

Si intenta *pronunciar* cada palabra a partir de la *ortografía* inglesa, **se va a arrepentir**. El inglés escrito tiene una muy débil relación con sus sonidos. Pero, por favor... tiene que hacer todo lo posible para aprender la acentuación de las sílabas en las palabras Globish. Si dice esa sílaba acentuada en un tono **fuerte**, la mayor parte

understand the rest.

One key sound that *is* more important to Globish – and English – than any other is the "*schwa*" sound. The *schwa* is almost not a sound. It usually "fills in" in words of more than one syllable, as a way of moving quickly over unstressed syllables. The *schwa* also makes trying to spell using sound very difficult.

All of these letters and letter-combinations will sound the same when an English speaker or a good Globish speaker says them. Using the schwa on the unstressed syllable is the most important thing about Globish (or English) pronunciation – and spelling – that you can know, because it makes everything else so much easier.

Un sonido clave que *es* mas importante que ningún otro para Globish (y para el inglés), es el sonido "*schwa*". El *schwa* casi no es un sonido. Por lo general "rellena" a las palabras de más de una sílaba, como una forma de avanzar rápido sobre una sílaba no acentuada. El *schwa* hace también muy difícil decir la palabra como se escribe.

Todas estas letras y combinaciones de letras sonarán igual cuando un angloparlante o un buen hablante de Globish las digan. Usar el *schwa* en la sílaba no acentuada es la cosa más importante sobre la pronunciación (y la escritura) Globish (o inglesa) que pueda conocer, porque hace que todo lo demás sea mucho más fácil.

1500 Basic Words

1500 Palabras Básicas

a - un, una
able - poder
about - sobre
above - arriba
accept - aceptar
account - cuenta
accuse - acusar
achieve - lograr
across - a través de
act - actuar
adapt - adaptar
add - añadir
admit - admitir
adult - adulto
advertisement - anuncio
advise - aconsejar
affect - afectar
afraid - tener miedo
after - después de
again - otra vez
against - contra
age - edad
agency - agencia
ago - hace
agree - acordar
ahead - delante de
aid - ayudar
aim - apuntar
air - aire
alive - vivo
all - todo
allow - permitir
ally - aliado
almost - casi
alone - sólo
along - por
already - ya
also - también

although - aunque
always - siempre
among - entre
amount - cantidad
and - y
angle - ángulo
angry - enojado
announce - anunciar
another - otro
answer - respuesta
any - cualquiera
apologize - disculparse
appeal - apelación
appear - aparecer
apple - manzana
apply - aplicar
approve - aprobar
area - área
argue - discutir
arm - brazo
army - ejército
around - alrededor
arrest - detener
arrive - llegar
art - arte
as - como
ask - preguntar
assist - ayudar
at - en, a
attach - adjuntar
attack - ataquar
attempt - intentar
attend - asistir
attention - atención
authority - autoridad
automatic - automático
autumn - otoño
available - disponible

average - promedio
avoid - evitar
awake - despertarse
award - premio
away - lejos
baby - bebé
back - espalda
bad - malo
bag - bolsa
balance - equilibrio
ball - pelota
ballot - votación
ban - prohibición
bank - banco
bar - bar
barrier - barrera
base - base
basket - cesta
battle - batalla
be - ser, estar
bear - oso
beat - golpear
beauty - belleza
because - porque
become - hacerse
bed - cama
beer - cerveza
before - antes
begin - empezar
behind - detrás de
believe - crear
bell - campana
belong - pertenecer
below - debajo de
bend - torcer
beside - al lado de
best - lo mejor
betray - traicionar

better - mejor
between - entre
big - grande
bill - cuenta
bird - pájaro
birth - nacimiento
bit - poco
bite - morder
black - negro
blade - hoja
blame - culpa
blank - en blanco
blanket - manta
bleed - sangre
blind - ciego
block - bloquear
blood - sangre
blow - golpe
blue - azul
board - consejo
boat - barco
body - cuerpo
bomb - bomba
bone - hueso
bonus - prima
book - libro
boot - bota
border - frontera
born - nacer
borrow - sacar
boss - jefe
both - ambos
bottle - botella
bottom - fondo
box - caja
boy - chico
boycott - boicot
brain - cerebro

brake - freno
branch - rama
brave - valiente
bread - pan
break - romper
breathe - respirar
brick - ladrillo
bridge - puente
brief - breve
bright - brillante
bring - traer
broad - ancho
broadcast - transmitir
brother - hermano
brown - marrón
brush - cepillo
budget - presupuesto
build - construir
bullet - bala
burn - quemadurse
burst - reventarse
bury - enterrar
business - negocio
busy - ocupado
but - pero
butter - mantequilla
button - botón
buy - comprar
by - por
cabinet - gabinete
call - llamar
calm - calma
camera - cámara
camp - campo
campaign - campaña
can - poder
cancel - cancelar
capture - capturar

car - coche	circle - círculo	computer - computadora	crop - cosecha	departure - salida
card - tarjeta	citizen - ciudadano	concern - concierna	cross - cruz	depend - depender
care - cuidar	city - ciudad	condemn - condenar	crowd - multitud	deploy - desplegar
carriage - coche	civilian - civil	conference - conferencia	crush - aplastar	depression - depresión
carry - llevar	claim - reclamar	confirm - confirmar	cry - gritar	describe - describir
case - caja	clash - chocar	congratulate - felicitar	culture - cultura	desert* - el desierto*
cash - cambio	class - clase	congress - congreso	cup - copa	design - diseño
cat - gato	clean - limpio	connect - conectar	cure - curar	desire - desear
catch - coger	clear - despejado	consider - considerar	current - corriente	destroy - destruir
cause - causa	climate - clima	contact - contactar	custom - costumbre	detail - detalle
celebrate - celebrar	climb - escalar	contain - contener	cut - cortar	develop - desarrollar
cell - célula	clock - reloj	continue - continuar	damage - daño	device - aparato
center - centro	close - cerrar	control - controlar	dance - bailar	die - morir
century - siglo	cloth - tela	cook - cocinar	danger - peligro	diet - dieta
ceremony - ceremonia	cloud - nube	cool - fresco	dark - oscuro	differ - diferir
certain - cierto	coal - carbón	cooperate - cooperar	date - fecha	difficult - difícil
chain - cadena	coast - costa	copy - copia	daughter - hija	dig - cavar
chair - silla	coat - abrigo	cork - corcho	day - día	dinner - cena
chairman - presidente	code - código	corn - maíz	dead - muerto	diplomat - diplomático
challenge - desafío	cold - frío	corner - rincón	deaf - sordo	direct - directo
champion - campeón	collect - acumular	correct - correcto	deal - trato	dirt - suciedad
chance - oportunidad	college - colegio	cost - costar	dear - caro	disappear - desaparecer
change - cambio	colony - colonia	cotton - algodón	debate - debatir	discover - descubrir
channel - canal	color - color	count - contar	debt - deuda	discuss - discutir
character - carácter	combine - combinar	country - país	decide - decidir	disease - enfermedad
charge - cargar	come - venir	course - curso	declare - declarar	disk - disco
chart - mapa	comfort - consolar	court - tribunal	decrease - disminuir	dismiss - despedir
chase - perseguir	command - orden	cover - cubrir	deep - profundo	dispute - debatir
cheap - barato	comment - comentar	cow - vaca	defeat - derrotar	distance - distancia
check - cheque	committee - comité	crash - estrellarse	defend - defender	divide - dividir
cheer - aclamar	common - común	create - crear	define - definir	do - hacer
cheese - queso	communicate - comunicar	credit - crédito	degree - grado	doctor - médico
chemical - química	community - comunidad	crew - tripulación	delay - demora	document - documento
chest - pecho	company - compañía	crime - delito	deliver - entregar	dog - perro
chief - jefe	compare - comparar	criminal - delincuente	demand - exigir	door - puerta
child - niño	compete - competir	crisis - crisis	demonstrate - demostrar	doubt - dudar
choose - elegir	complete - acabar	criteria - criterios	denounce - denunciar	down - abajo
church - iglesia	compromise - comprometer	criticize - criticar	deny - negar	drain - drenar

draw - dibujar	enjoy - gustar	explore - explorar	fine - multa	friend - amigo
dream - soñar	enough - bastante	export* - exportar*	finger - dedo	frighten - asustar
dress - vestido	enter - entrar	express - expresar	finish - terminar	from - de
drink - beber	entertain - entretener	extend - extender	fire - fuego	front - frente
drive - conducir	environment - ambiente	extra - extra	firm - firma	fruit - fruta
drop - caer	equal - iguale	extreme - extremo	first - primero	fuel - combustible
drug - droga	equate - equiparar	eye - ojo	fish - pez	full - lleno
dry - seco	equipment - equipo	face - cara	fist - puño	fun - diversión
during - durante	erase - borrar	fact - hecho	fit - enforma	future - futuro
dust - polvo	escape - escaparse	factory - fábrica	fix - sujetar	gain - aumento
duty - deber	especially - especialmente	fail - fracasar	flag - bandera	gallon - galón
each - cada	establish - establecer	fair - feria	flat - plano	game - juego
ear - oreja	estimate - presupuestar	fall - caerse	float - flotar	gang - pandilla
early - temprano	ethnic - étnico	HAMIS - falso	floor - piso	garden - jardín
earn - ganar	evaporate - evaporarse	family - familia	flow - fluir	gas - gas
earth - tierra	even - aún	famous - famoso	flower - flor	gather - congregarse
east - este	event - acontecimiento	far - lejos	fluid - líquido	general - general
easy - fácil	ever - jamás	fast - rápido	fly - volar	gentle - dulce
eat - comer	every - cada	fat - gordo	fog - niebla	get - conseguir
edge - orilla	evidence - evidencia	father - padre	fold - doblar	gift - regalo
education - educación	evil - mal	fear - temor	follow - seguir	girl - chica
effect - efecto	exact - exacto	feather - pluma	food - comida	give - dar
effort - esfuerzo	example - ejemplo	feature - característica	fool - tonto	glass - copa
egg - huevo	except - menos	feed - dar de comida	foot - pie	global - global
either - cualquiera	exchange - cambio	feel - sentirse	for - para	go - ir
elastic - elástico	excuse - excusar	female - femenino	forbid - prohibir	goal - meta
electricity - electricidad	execute - ejecutar	fertile - fértil	force - obligar	god - dios
element - elemento	exercise - ejercicio	few - pocos	foreign - extranjeror	gold - oro
else - más	exist - existir	field - campo	forest - bosque	good - bueno
embassy - embajada	exit - salida	fierce - violento	forget - olvidarse de	govern - gobernar
emergency - emergencia	expand - expandirse	fight - pelear	forgive - perdonar	grass - pasto
emotion - emoción	expect - esperar	figure - figura	form - formar	great - gran
employ - emplear	expense - gasto	file - archivo	former - anterior	green - verde
empty - vacío	experience - experiencia	fill - llenar	forward - delantero	grey - gris
end - terminar	experiment - experimento	film - película	frame - cuadro	ground - suelo
enemy - enemigo	expert - experto	final - final	free - libre	group - grupo
enforce - disfrutar de	explain - explicar	finance - finanzas	freeze - helarse	grow - crecer
engine - motor	explode - estallar	find - encontrar	fresh - fresco	guarantee - garantía

guard - vigilar	hold - tener	incident - incidente	jail - cárcel	leave - dejar
guess - adivinar	hole - agujero	include - incluir	jewel - joya	left - izquierda
guide - guiar	holiday - vacación	increase* - aumentar*	job - trabajo	leg - pierna
guilty - culpable	hollow - hueco	independent - independiente	join - unir	legal - legal
gun - fusil	holy - santo	indicate - indicar	joint - conjunto	lend - prestar
guy - tipo	home - casa	individual - individuo	joke - bromear	length - longitud
hair - pelo	honest - honesto	industry - industria	joy - alegría	less - menos
half - medio	hope - esperanza	infect - infectar	judge - juez	let - dejar
halt - paradarse	horrible - horrible	influence - influencia	jump - saltar	letter - carta
hand - mano	horse - caballo	inform - informar	jury - jurado	level - nivel
hang - colgar	hospital - hospital	inject - inyectar	just - apenas	lie - mentir
happen - suceder	hostage - rehén	injure - herir	keep - mantener	lie - echarse
happy - feliz	hostile - hostil	innocent - inocente	key - llave	life - vida
hard - duro	hot - caliente	insane - loco	kick - dar patadas	lift - ascensor
hat - sombrero	hour - hora	insect - insecto	kid - niño	light - luz
hate - odiar	house - casa	inspect - revisar	kill - matar	like - gustar
have - tener	how - cómo	instead - en lugar de	kind - amable	limit - límite
he - él	however - sin embargo	insult* - insultar*	king - rey	line - línea
head - cabeza	huge - enorme	insurance - seguro	kiss - besar	link - conectar
heal - curar	human - humano	intelligence - inteligencia	kit - petate	lip - labio
health - salud	humor - humor	intense - intenso	kitchen - cocina	liquid - líquido
hear - oír	hunger - hambre	interest - interesar	knife - cuchillo	list - lista
heart - corazón	hunt - cazar	interfere - entrometerse	know - saber	listen - escuchar
heat - calor	hurry - darse prise	international - internacional	labour - trabajo	little - poco
heavy - pesado	hurt - doler	into - en	lack - faltar	live - vivir
help - ayudar	husband - marido	invade - invadir	lake - lago	load - cargar
her - ella	I - Yo	invent - inventar	land - tierra	loan - prestar
here - aquí	ice - hielo	invest - invertir	language - idioma	local - local
hers - su, sus	idea - idea	investigate - investigar	large - grande	locate - localizar
hide - esconder	identify - identificar	invite - invitar	last - último	lock - cerrar
high - alto	if - si	involve - suponer	late - tarde	log - tronco
hijack - secuestrar	ill - enfermo	iron - hierro	laugh - reir	lone - solitario
hill - colina	imagine - imaginarse	island - isla	law - ley	long - largo
him - él	import* - importar*	issue - asunto	lay - poner	look - mirar
hire - alquilar	important - importante	it - lo, la	lead - llevar	loose - suelto
his - su, sus	improve - mejorar	item - artículo	leak - gotear	lose - perder
history - historia	in - en	its - su, sus	learn - aprender	lot - mucho
hit - golpear	inch - pulgada	jacket - chaqueta	least - menos	loud - fuerte

136

love - amar	mile - milla	native - nativo	office - oficina	pass - paso
low - bajo	military - militares	navy - armada	officer - oficial	passenger - pasajero
luck - suerte	milk - leche	near - cercano	often - a menudo	past - pasado
mail - correo	mind - mente	necessary - necesario	oil - aceite	paste - pasta
main - principal	mine - mina	neck - cuello	old - viejo	path - sendero
major - importante	minister - ministro	need - necesidad	on - en	patient - paciente
make - hacer	minor - menor	neighbor - vecino	once - una vez	pattern - diseño
male - masculino	miscellaneous - miscelánea	neither - tampoco	only - sólo	pay - pagar
man - hombre	miss - perder	nerve - nervio	open - abrir	peace - paz
manufacture - fabricar	mistake - error	neutral - neutral	operate - funcionar	pen - pluma
many - muchos	mix - combinación	never - nunca	opinion - opinión	pencil - lápiz
map - mapa	mob - chusma	new - nuevo	opportunity - oportunidad	people - personas
march - marchar	model - modelo	news - noticias	opposite - contrario, enfrente	pepper - pimiento
mark - marcar	moderate - moderado	next - próximo	oppress - oprimir	perfect - perfecto
market - mercado	modern - moderno	nice - amable	or - o	perform - actuar
marry - casarse	money - dinero	night - noche	order - ordenar	perhaps - quizás
master - maestro	month - mes	no - no	organize - organizar	period - período
match - partido	moon - luna	noise - ruido	other - otro	permanent - permanente
material - materia	moral - moraleja	noon - mediodía	ounce - onza	permit - permitir
matter - importar	more - más	normal - normal	our - nuestro	person - persona
may - poder	morning - mañana	north - norte	ours - nuestros	physical - físico
mayor - alcalde	most - lo más	nose - nariz	oust - desbancar	pick - elegir
me - mí	mother - madre	not - no	out - fuera	picture - pintura
meal - comida	motion - movimiento	note - observar	over - sobre	piece - pedazo
mean - significado	mountain - montaña	nothing - nada	owe - deber	pig - cerdo
measure - medidir	mouth - boca	notice - notar	own - tener	pilot - piloto
meat - carne	move - mover	now - ahora	page - página	pint - pinta
media - medios	much - mucho	nowhere - en ningún lugar	pain - dolor	pipe - tubo
meet - encontrarse	murder - asesinar	number - número	paint - pintar	place - sentar
member - miembro	muscle - músculo	obey - obedecer	pan - cacerola	plain - sencillo
memory - memoria	music - música	object - objeto	pants - pantalones	plan - planear
mental - mental	must - deber	observe - observar	paper - papel	plane - avión
mercy - misericordia	my - mi, mis	occupy - ocupar	parade - desfile	plant - plantar
message - mensaje	mystery - misterio	occur - abogar	parcel - paquete	plastic - plástico
metal - metal	nail - uño	of - de	parent - padre	plate - plato
method - método	name - nombre	off - lejos	parliament - parlamento	play - jugar
middle - centro	narrow - estrecho	offensive - ofensiva	part - separar	please - por favor
might - poder	nation - nación	offer - ofrecer	party - fiesta	plenty - mucho

pocket - bolsillo	project* - el projecto*	read - leer	return - regresar	scale - escala
point - señalar	property - propiedad	ready - listo	revolt - sablevarse	scare - asustar
poison - veneno	propose - proponer	real - verdadero	reward - recompensar	school - escuela
policy - política	protect - proteger	reason - razón	rice - arroz	science - ciencia
politics - política	protest - protestar	receive - recibir	rich - rico	score - marcar
pollute - contaminar	prove - demostrar	recognize - reconocer	ride - paseo	script - escritura
poor - pobre	provide - proporciona	record* - anotar*	right - derecho	sea - mar
popular - popular	public - público	recover - recuperar	ring - sonar	search - buscar
port - puerto	publish - publicar	red - rojo	riot - disturbio	season - temporada
position - posición	pull - tirar	reduce - reducir	rise - subir	seat - asiento
possess - poseer	punish - castigar	refugee - refugiado	risk - arriesgar	second - segundo
possible - posible	purchase - comprar	refuse* - rechazar*	river - río	secret - secreto
postpone - posponer	pure - puro	regret - arrepentirse	road - calle	section - sección
potato - patata	purpose - propósito	regular - regular	rob - robar	security - seguridad
pound - libra	push - empujar	reject - rechazar	rock - roca	see - ver
pour - verter	put - poner	relation - relación	rocket - cohete	seed - semilla
powder - polvo	quality - calidad	release - liberar	roll - rodar	seek - buscar
power - poder	quart - cuarto de galón	remain - seguir	roof - techo	seem - parecer
practice - practicar	quarter - cuarto	remember - recordar	room - habitación	seize - confiscar
praise - elogiar	queen - reina	remove - quitar	root - raíz	seldom - rara vez
pray - orar	question - pregunta	repair - arreglar	rope - cuerda	self - mismo
pregnant - embarazada	quick - rápido	repeat - repetir	rough - duro	sell - vender
present - presente	quiet - silencioso	report - informar	round - redondo	senate - senado
press - apretar	quit - dejar	represent - representar	row - temar	send - enviar
pretty - bonito	quite - bastante	request - pedir	rub - frotar	sense - sentir
prevent - impedir	race - carrera	require - necesitar	rubber - caucho	sentence - sentencia
price - precio	radiation - radiación	rescue - rescatar	ruin - ruina	separate - separar
print - imprimir	raid - asaltar	research - investigar	rule - gobernar	series - serie
prison - prisión	rail - baranda	resign - renunciar	run - correr	serious - grave, serio
private - privado	rain - llover	resist - resistir	sad - triste	serve - sirvir
prize - premio	raise - levantar	resolution - resolución	safe - seguro	set - fijo
problem - problema	range - ámbito	resource - recurso	sail - navegar	settle - acordar
process - procesar	rare - raro	respect - respetar	salt - sal	several - varios
product - producto	rate - tasa	responsible - responsable	same - mismo	severe - severo
professor - profesor	rather - bastante	rest - descansar	sand - arena	sex - sexo
profit - provecho	ray - rayo	restrain - contener	satisfy - satisfacer	shade - sombra
program - programa	reach - alcanzar	result - resultar	save - salvar	shake - agitar
progress* - progresar	react - reaccionar	retire - jubilarse	say - decir	shame - vergüenza

138

shape - forma	skin - piel	speak - hablar	street - calle	symbol - símbolo
share - compartir	skirt - falda	special - especial	stretch - estirar	sympathy - simpatía
sharp - afilado	sky - cielo	speech - habla	strike - huelga	system - sistema
she - ella	slave - esclavo	speed - velocidad	string - colgar	table - mesa
sheet - hoja	sleep - dormir	spell - escribir	strong - fuerte	tail - cola
shelf - estante	slide - deslizarse	spend - gastar	structure - estructura	take - tomar
shell - concha	slip - resbalar	spirit - espíritu	struggle - luchar	talk - hablar
shelter - refugio	slow - lento	spot - lugar	student - estudiante	tall - alto
shine - brillar	small - pequeño	spread - extender	study - estudiar	target - blanco
ship - barco	smart - listo	spring - primavera	stupid - estúpido	task - tarea
shirt - camisa	smash - romper	spy - espía	subject - tema	taste - probar
shock - susto	smell - oler	square - plaza	substance - sustancia	tax - impuesto
shoe - zapato	smile - sonreír	stage - escenario	substitute - substituto	tea - té
shoot - disparar	smoke - fumar	stairs - escalera	succeed - triunfar	teach - enseñar
shop - tienda	smooth - suave	stamp - sello	such - tan	team - equipo
short - corto	snack - tentempié	stand - estar de pie	sudden - repentino	tear - romper
should - deber	snake - serpiente	star - estrella	suffer - sufrir	tear - lágrima
shout - gritar	sneeze - estornudar	start - empezar	sugar - azúcar	tell - decir
show - espectáculo	snow - nieve	starve - morir de hambre	suggest - sugerir	term - término
shrink - encoger(se)	so - tan	state - estado	suit - irle bien	terrible - terrible
shut - cerrar	soap - jabón	station - estación	summer - verano	territory - territorio
sick - enfermo	social - social	status - posición	sun - sol	terror - terror
side - lado	society - sociedad	stay - quedarse	supervise - supervisar	test - probar
sign - firmar	soft - suave	steal - robar	supply - suministrar	than - que
signal - señal	soil - tierra	steam - vapor	support - sostener	thank - dar gracias
silence - silencio	soldier - soldado	steel - acero	suppose - suponer	that - eso
silk - seda	solid - sólido	step - paso	suppress - contener	the - el, la, los, las
silver - plata	solve - resolver	stick - pegar	sure - seguro	theater - teatro
similar - similar	some - algun	still - todavía	surface - superficie	their - su, sus
simple - sencillo	son - hijo	stomach - estómago	surprise - sorprender	theirs - suyo
since - desde (que)	song - canción	stone - piedra	surround - rodear	them - ellos
sing - cantar	soon - pronto	stop - parar	survive - sobrevivir	then - entonces
single - solo	sorry - lo siento	store - tienda	suspect - dudr	theory - teoría
sister - hermana	sort - tipo	storm - tormenta	suspend - suspender	there - allí
sit - sentarse	soul - alma	story - historia	swallow - tragar	these - éstos
situation - situación	sound - sonido	straight - todo recto	swear - jurar	they - ellos
size - tallao	south - sur	strange - extraño	sweet - dulce	thick - gordo
skill - habilidad	space - espacio	stream - corriente	swim - nadar	thin - delgado

thing - cosa	trade - comerciar	urgent - urgente	we - nosotros	wire - alambre
think - pensar	tradition - tradición	us - nosotros	weak - débil	wise - prudente
third - tercero	traffic - tráfico	use - usar	wealth - riqueza	wish - desear
this - esto, este, esta	train - tren	valley - valle	weapon - arma	with - con
those - ésos, esas	transport* - transporte	value - valor	wear - llevar	withdraw - retirar
though - aunque	travel - viajar	vary - variar	weather - tiempo	without - sin
thought - pensamiento	treason - traición	vegetable - verdura	week - semana	woman - mujer
threaten - amenazar	treasure - tesoro	vehicle - vehículo	weight - peso	wonder - maravillarse
through - por	treat - tratar	version - versión	welcome - bienvenido	wood - madera
throw - tirar	treaty - tratado	very - muy	well - bien	wool - lana
thus - así	tree - árbol	veto - vetar	west - oeste	word - palabra
tie - corbata	trial - procesoio	vicious - fiero	wet - mojado	work - trabajar
tight - estricto	tribe - tribu	victim - víctima	what - qué	world - mundo
time - tiempo	trick - engañar	victory - victoria	wheat - trigo	worry - preocuparse
tin - estaño	trip - viaje	view - mirar	wheel - rueda	worse - peor
tiny - diminuto	troop - compañía	violence - violencia	when - cuándo	worth (to be) - valer
tired - cansada	trouble - problema	visit - visitar	where - dónde	wound - herida
title - título	truck - camión	voice - voz	whether - si	wreck - estrozar
to - a	IGAZ - verdad	volume - volumen	which - cuál	write - escribir
today - hoy	trust - confiar en	vote - votar	while - mientras	wrong - eqivocado
together - junto	try - tratar de	wage - sueldo	white - blanco	yard - yarda
tomorrow - mañana	tube - tubo	wait - esperar	who - quién	year - año
tone - tono	turn - girar	walk - andar	whole - entero	yellow - amarillo
tongue - lengua	twice - dos veces	wall - pared	why - por qué	yes - sí
tonight - esta noche	tyre - neumático	want - querer	wide - ancho	yesterday - ayer
too - también	under - abajo	war - guerra	wife - esposa	yet - todavía
tool - herramienta	understand - entender	warm - caliente	wild - salvaje	you - usted
tooth - diente	unit - unidad	warn - advertir	will - querer	young - joven
top - cima	universe - universo	wash - lavar	win - ganar	your - tu
total - total	unless - a menos que	waste - desperdiciar	wind - viento	yours - el tuyo
touch - tocar	until - hasta que	watch - reloj	window - ventana	
toward - hacia	up - arriba	water - agua	wine - vino	
town - pueblo	upon - sobre	wave - onda	wing - ala	
track - astrear	urge - instar	way - manera	winter - invierno	

Chapter 17
When Globish Arrives

Since 2004, when the first books about Globish were published, the talk about Globish has changed. In that year, in forums on the Internet, many English teachers looked at the idea – and then looked away, saying: "I cannot imagine anything important being said in Globish" and "They are going to destroy our beautiful English language" and "Why can't they just learn how to speak decent English?" These forums are still on the Internet. You can Google them.

But many more people were still traveling from their countries, and still joining global businesses. Many more in this period were leaving their countries on work-permits for the first time to take jobs in more

Capítulo 17
Cuando llega Globish

Desde el año 2004, cuando se publicaron los primeros libros sobre Globish, el diálogo sobre Globish ha cambiado. En ese año, en foros en Internet, muchos profesores de inglés vieron la idea, y luego miraron para otro lado diciendo: "no creo que se pueda decir algo importante en Globish", "van a destruir nuestro hermoso idioma inglés" y "¿por qué no pueden aprender, simplemente, cómo hablar un inglés decente? Estos foros aún están en Internet. Los puede buscar en Google.

Pero muchas más personas continuaban viajando desde sus países, sumándose a los negocios globales. Muchos más, en este período, dejaban por primera vez sus países con permisos de trabajo para tomar empleos en países más

prosperous countries. They could not wait, they had to speak and be heard. And because they were speaking English across the world, more people began to see what these people with just "enough" English could really do. They built roads and houses, but many also made scientific discoveries and many more made lots of money in new worldwide businesses. All of this with just "enough" English.

Now, 5 years later, the tone toward Globish has changed. Most people now accept that native English speakers will not rule the world. Most people accept that there are important leaders who speak only "enough" English, but use it well to lead very well in the world.

So now there are very different questions, in the same forums. Some of the same people from 2004 are

prosperos. No podían esperar, tenían que hablar y ser escuchados. Y como hablaban inglés en todo el mundo, más personas empezaron a ver lo que estas personas podían hacer con un inglés apenas "suficiente". Construían caminos y casas, pero muchos también hacían descubrimientos científicos y otros tantos hacían mucho dinero con nuevos negocios a nivel mundial. Todo esto con un inglés sólo "suficiente".

Ahora, 5 años después, ha cambiado el tono para referirse a Globish. Actualmente, la mayor parte de las personas acepta que los angloparlantes nativos no gobernarán el mundo. La mayoría acepta que existen líderes importantes que hablan sólo "suficiente" inglés, pero que lo usan bien para conducirse apropiadamente en el mundo.

Por eso hoy hay preguntas muy distintas en esos mismos foros. Algunas de las mismas personas del 2004 aún

now asking:

"How many people now know enough English?"

"Should the native English-speaking teachers, who said 'you will never be good enough' now still be the guards over the language?" and

"Who will own the language?" And some few are beginning to ask: "How much English is enough?"

We think Globish – as described in this book – carries many of the answers.

Globish developed from observations and recording of what seemed to be the usual limitations of the average non-native speakers of English. Perhaps only 10% of those have studied English more than a year, or lived for a year in an English-speaking country. But they may have enough, if they know what *is* enough.

Perhaps in the next 5 years, more people will run out of

preguntan.

"¿Cuántas personas saben hoy suficiente inglés?"

"¿Deberían seguir siendo los custodios del idioma los profesores angloparlantes nativos que decían 'nunca serás lo suficientemente bueno'?" y

"¿Quién será el dueño del idioma?" Y algunos se están empezando a preguntar: "¿Cuánto inglés es suficiente?"

Pensamos que Globish, como se describió en este libro, tiene muchas de las respuestas.

Globish se desarrolló desde la observación y la grabación de lo que parecían ser las limitaciones habituales del angloparlante no nativo promedio. Tal vez sólo el 10% de ellos estudió inglés por más de un año o vivió durante un año en un país de habla inglesa. Pero puede que tengan suficiente, si saben lo que *es* suficiente.

Tal vez en los próximos 5 años, más personas se

money for never-ending English classes. And more people will decide to follow careers and have families and … live…instead of always trying – year after year – for that goal of perfect English.

Globish may have their answer. And it may also have the answer for global companies who need enough English – but perhaps not perfect English – in their home offices and sales branches. Globish might work for these companies if their native speakers will -- at the same time -- learn how much English is too much.

Globish is what Toronto University linguist Jack Chambers called in 2009 "a new thing and very interesting…if (they are) formally codifying it, then Globish will gain status."

This book has been written not only to describe and codify, but to demonstrate Globish as a lenguaje natural,

quedarán sin dinero para tomar interminables clases de inglés. Y más personas decidirán seguir carreras y tener familias y... vivir... en lugar de intentar siempre, año tras año, llegar al objetivo del inglés perfecto.

Globish puede tener la respuesta. Y también puede tener la respuesta para compañías intrnacionales que necesiten suficiente inglés, tal vez no un inglés perfecto, en sus casas centrales y sucursales de venta. Globish puede funcionar para estas compañías si sus hablantes nativos comprenden, al mismo tiempo, cuánto inglés es demasiado.

Globish es lo que el linguista Jack Chambers, de la Universidad deToronto, llamó en 2009 "una cosa nueva y muy interesante --- si (lo están) codificando formalmente, entonces Globish ganará estatus".

Este libro ha sido escrito no sólo para describirlo y codificarlo, sino también para mostrar a Globish como un

yet one that is in a closed system that is predictable and dependable, and is very close to being used across the globe now.

Then with so many good reasons for Globish that so many people agree with, why hasn't it happened? Why hasn't it arrived?

There seem to be 3 main barriers to that arrival:

Physical: People think they do not have the time or the money or the nearness to English Speaking to learn enough as a tool. With new media and Internet courses, this will make Globish all the easier to learn.

Language: Many English speakers truly feel that you cannot have just part of a language and you must always try for all of it. Quite a few language professors say that Globish is "not studied enough" or "not structured enough" – as always, without saying how much IS enough.

lenguaje natural, aunque esté en un sistema cerrado que es previsible y confiable, y que está muy cerca hoy de ser utilizado en todo el mundo.

Entonces, con tantas buenas razones a favor de Globish, con las que están de acuerdo tantas personas ¿por qué no ha sucedido? ¿Porqué no ha triunfado?

Parece haber tres barreras principales para llegar a ese triunfo:

Física: La gente piensa que no tiene el tiempo o el dinero o la proximidad al inglés hablado como para aprender lo suficiente para usarlo como herramienta. Los nuevos cursos en los medios y en Internet facilitarán el aprendizaje de Globish.

Idioma: Muchos angloparlantes sienten, de verdad, que no se puede conocer solamente una parte de un idioma y que siempre hay que tratar de conocerlo todo. Unos cuantos profesores de idiomas dicen que Globish "no ha sido estudiado lo suficiente" o "no

Political: The questions of who will make Globish happen, and who will require it, and who will finally "own" it seem central here. The remaining people who speak against Globish will discover that the citizens of the world will require it, make it happen, and own it – likely within the next 10 years. The very name *Globish* establishes this new point of view – that of the Global citizen who does not need the English past. This citizen needs only a dependable, usable language for the future.

Although it may not be historically exact, one has the image of the poor, beaten Englishmen who brought forth the Magna Carta in 1215. They were ruled by the foreign Normans, and the Normans wrote all the English laws in French, which the poor people in

Política: La pregunta sobre quién hará que Globish suceda, quién lo necesitará y a quién terminará por "pertenecer", parece central. El resto de las personas que hablan en contra de Globish descubrirán que los habitantes del mundo lo necesitarán, harán que suceda y serán sus dueños, probablemente dentro de los próximos 10 años. El mismísimo nombre *Globish* establece este nuevo punto de vista, el del ciudadano global que no necesita el pasado inglés. Este ciudadano sólo necesita un idioma confiable y utilizable para el futuro.

Aunque puede que no sea correcto históricamente, se tiene la imagen del inglés, pobre y vencido, que produjo la Carta Magna en 1215. Estaban gobernados por extranjeros, los normandos, que escribieron todas las leyes inglesas en francés, que los pobres de Inglaterra no

146

England could not understand. Along with others, these common people stood up before their Kings, at great risk to their families and themselves. And they said: "Enough!" They were frightened but still brave. Carrying only knives and clubs, they demanded that the laws by which they lived be more fair, and be given out in their own language – English.

Globish could be the interesting next step for the world…when people use English to be freed from the English. Globish will arrive when these common people from every country in the world, stand up and say "Enough." And Globish, as you see it here, will be there to give them…enough. When Globish arrives, you will talk to someone who just a few years ago could not understand you …and turned away. And you will write in Globish to someone who understands and answers – perhaps even with a job or a good school

podían entender. Junto a otros, esta gente común se enfrentó a sus reyes, con gran riesgo para sus familias y para ellos mismos. Y dijeron "suficiente". Estaban asustados pero, aún así, fueron valientes. Armados sólo con cuchillos y palos, exigieron que las leyes según las que vivían fueran más justas y se dieran a conocer en su propio idioma, el inglés.

Globish puede ser el próximo paso de interés para el mundo… cuando la gente utilice el inglés para liberarse de los inglses. Globish llegará cuando esa gente común de cada país del mundo, se levante y diga: "suficiente". Y Globish, como lo ve aquí, estará allí para darles… suficiente. Cuando Globish llegue, podrá hablar con alguien que, apenas unos años atrás, no lo podía entender… y se alejaba. Y le podrá escribir en Globish a alguien que lo entienda y le responda, tal vez hasta con la posibilidad de un empleo o una buena escuela. Mirará

possibility…Then you will look at these few words of Globish and say…

entonces estas pocas palabras Globish y dirá:

> *"How rich I am….
> Look at all of these
> words I have…So
> many words for so
> many opportunities
> and so many new
> friends…Look at all
> that I can do with
> them…. What
> valuable words they
> are…And I know
> them all!"*

> *"Qué afortunado que
> soy… Mira todas
> estas palabras que
> tengo… Tantas
> palabras para tantas
> oportunidades y
> tantos nuevos
> amigos… Mira todo
> lo que puedo hacer
> con ellas… Qué
> palabras valiosas son
> … ¡Y las conozco a
> todas!*

Appendix

Apéndice

Synopsis

It would make very little sense to describe the details of Globish *either* to the person who has studied English -- or to the person who has not.

For that reason, we are giving only a synopsis of these chapters (Chapter 17-22) from the original book. The students who are studying English may, as their use of English -- or Globish -- improves, wish to try to read the original book. Their linguistic skills may then be ready for them to process that more specific information.

(In addition, this translated version will -- for obvious reasons -- leave out the adaptation from English to Globish of President Barack Obama's Inaguration Address of January 20, 2009.)

Chapter 17 (in the original

Sinopsis

Tendría muy poco sentido describirle los detalles de Globish *tanto* a la persona que ha estudiado inglés como a la persona que no lo ha hecho.

Por dicha razón, damos sólo una sinopsis de estos capítulos (Capítulos 17 á 22) del libro original. Los estudiantes que estén estudiando inglés pueden tratar de leer el libro original, a medida que su uso del inglés (o Globish) mejore. Entonces, sus habilidades lingüísticas podrán estar listas para procesar esa información más específica.

(Además, esta versión traducida dejará de lado, por razones obvias, la adaptación del inglés al Globish del discurso de investidura del Presidente Barack Obama del 20 de enero de 2009).

Capítulo 17 (en el libro

book) - 1500 Basic Globish Words Father 5000

This chapter deals with how Globish -- and English -- is capable of making new words from basic words. There are basically 4 methods of making words from the basic 1500 words:

1. Putting two words together, as in: **class + room = classroom**

2. Adding letters to the front or the back of a word as in: **im + possible = impossible** (not possible) or **care + less = careless**. Many times it changes the part of speech, as when **care+less (careless)** becomes an adjective.

3. **Many** times the **same word** is used as a **noun**, a **verb**, and an **adjective. We drive a** *truck*. **With it, we** *truck* **vegetables to market. We may stop for lunch at a** *truck* **stop.**

original) – 1500 palabras básicas Globish engendran 5000

Este capítulo tiene que ver sobre la manera en que Globish (y el inglés) son capaces de crear palabras nuevas a partir de palabras básicas. Fundamentalmente, existen cuatro métodos para crear palabras a partir de las 1500 palabras básicas.

1. Poner dos palabras juntas, como en: **class + room = classroom**

2. Agregar letras adelante o detrás de una palabra, como en: **im + possible = impossible** (not possible) o **care + less = careless**. Muchas veces cambia la categoría gramatical de la parte de la oración, como cuando **care + less (careless)** se convierte en adjetivo.

3. Muchas veces la **misma palabra** se usa como un **sustantivo**, un **verbo** y un **adjetivo. We** *drive a* *truck* (sustantivo). *With it, we truck* (verbo) *vegetables to market. We may stop for lunch at a truck* (adjetivo) *stop.*

4. Phrasal Verbs combine with prepositions to make different verbs, like: get up (in the morning), take off (from the airport runway), or put up (weekend visitors in your extra room).

4. Los *Phrasal Verbs* se combinan con preposiciones para obtener verbos diferentes, como: *get up* (levantarse de la cama), *take off* (despegar, un avión, de la pista del aeropuerto) o *put up* (alojar visitas de fin de semana en la habitación extra)

Chapter 18 (in the original book) - Cooking With Words

Capítulo 18 (en el libro original) – Combinación de palabras

In addition to giving you enough words and ways to make more words easily, Globish uses **simple English grammar**, and avoids long and difficult sentences.

Además de darle suficientes palabras y formas para crear fácilmente más palabras, Globish utiliza **gramática inglesa simple** y evita las oraciones largas y difíciles.

It stresses **Active Voice** sentences, but allows occasional **Passive Voice**. It uses the **Imperative** and the **Conditional** when necessary.

Enfatiza las oraciones en **voz activa**, pero permite ocasionalmente la **voz pasiva.** Usa el **imperativo** y el **condicional** cuando son necesarios.

Globish uses **6 basic verb tenses** all the time -- the **Simple** and the **Continuous** for the **Present**, **Past**, and **Future** and four other verb tenses occasionally. **Different sentence forms** are

Globish utiliza siempre **6 tiempos de verbos básicos**: **simple** y **continuo** para el **presente, pasado** y **futuro** y, ocasionalmente, otros cuatro tiempos de verbo. Se utilizan **diferentes formas de oración**

used for **negatives**, and for various kinds of **questions**.

LEARNING TOOLS - *Globish IN Globish* is an interactive set of Lessons in Globish at www.globish.com and many others will follow there.

Chapter 19 (in the original book) - Say "No" To Most Figurative Language

Idioms and Humor are the most difficult parts of a new language. Globish solves that problem by asking people to use very little of either. Idioms take hours -- sometimes -- to explain. Humor has not only language differences, but differences in culture and -- within culture -- ages and other backgrounds.

Chapter 20 (in the original book) - Globish "Best

para los **negativos** y para los diversos tipos de **preguntas.**

HERRAMIENTAS DE APRENDIZAJE – *Globish EN Globish* es un conjunto de lecciones interactivas en Globish a las que puede acceder en www.globish.com, y habrá muchas más en ese sitio.

Capítulo 19 (en el libro original) – Dígale "no" a la mayor parte del lenguaje figurado

Las expresiones idiomáticas y el humor son las partes más difíciles de un idioma nuevo. Globish resuelve este problema al pedirle a las personas que utilicen muy poco de ambos. Las expresiones idiomáticas insumen horas, a veces, para explicarlas. El humor no sólo tiene diferencias de idioma, sino también culturales y, dentro de la cultura, diferencias de edades y de orígenes.

Capítulo 20 (en el libro original) – Las "mejores

Practices"

Most of these are about people who know too much English for the needs and abilities of the largest group of people...those speaking Globish. So this chapter is about how a speaker must **take responsibility for the communication,** and **do whatever is necessary** to communicate the message. This may mean: speaking or writing **in short sentences, listening for feedback** to make sure of understanding, and **using pictures or physical motions** to help the users understanding of words.

Chapter 21 (in the original book) - Critical Sounds for Global Understanding

This chapter is about pronunciation and the sounds various learners have trouble with. The aim is not to please the English speaker,

prácticas" de Globish

La mayor parte de lo antedicho es acerca de las personas que conocen demasiado inglés para las necesidades y aptitudes del grupo mayoritario de personas... aquellas que hablan Globish. Por eso este capítulo es acerca de la manera en que un hablante debe **responsabilizarse por la comunicación** y **hacer todo lo necesario** para transmitir el mensaje. Esto puede significar: hablarlo y escribirlo **en oraciones cortas, escuchar para conocer la respuesta** y asegurarse de haber sido entendido, y **utilizar imágenes o movimientos físicos** para ayudar a los usuarios a entender las palabras.

Capítulo 21 (en el libro original) – Sonidos críticos para el entendimiento global

Este capítulo es sobre la pronunciación y los sonidos con los que muchos estudiantes tienen problemas. El objetivo no es complacer al

but to make sounds that everyone can understand. This means concentrating on the most difficult ones, and making them acceptable. There are several other findings in this study, one being that learners do not have to have perfect sounds to be understood in Globish, but they do have to have the right stresses on parts of words, and they do need to know when to substitute with the "schwa" sound.

Chapter 22 (in the original book) - Globish in Texting

The Internet provides an environment that is excellent for Globish. Its messages are cut down to basics of English words because the messages are often charged by each little character over 160. *So if love can become luv, u might save enough of ur money to visit the one u luv, just by shortening most words.*

angloparlante, sino producir sonidos que todos puedan entender. Esto significa concentrarse en los más difíciles y hacerlos aceptables. Hay varias otras conclusiones en este estudio, una de ellas que los estudiantes no tienen que emitir sonidos perfectos para ser entendidos en Globish, pero que tienen que tener la acentuación correcta en las partes de las palabras y que sí necesitan saber cuándo sustituirlas con el sonido "schwa".

Capítulo 22 (en el libro original) – Globish en los mensajes de texto

Internet provee un excelente entorno para Globish. Los mensajes son reducidos a palabras inglesas básicas porque tienen un costo por cada carácter, por pequeño que sea, que supere la cantidad de 160. *Por eso, si "love" se transforma en "luv", "u might save enough of ur money to visit the one u luv",* (podrás ahorrar suficiente dinero para visitar a quien amas,) sólo

al acortar la mayoría de las palabras.

Texting is used in e-mails, chat sessions, instant messaging, and of course on mobile phones. Globish seems to have the perfect structures and numbers of words to be the text basis for people using the Internet.

Los mensajes de texto se utilizan en los correos electrónicos, sesiones de chateo, mensajes instantáneos y, por supuesto, en teléfonos celulares. Globish parece tener las estructuras y número de palabras perfectos para ser la base de los textos para las personas que usan Internet.

Partial Resources

Council of Europe (2008). *Common European Framework of Reference for Languages: Learning, teaching, assessment.* Retrieved http://www.coe.int/T/DG4/Po rtfolio/?L=E&M=/main_pages/l evels.html , March, 17, 2009

Dlugosz, K. (2009) *English Sounds Critical to Global Understanding.* Pécs (Hungary): University of Pécs.

Graddol, D. (2006). *English Next.* London: British Council.

Nerriére, J. P. (2004). *Don't speak English. Parlez globish!* Paris: Eyrolles.

Nerriére, J. P., Bourgon, J., Dufresne, Ph. (2005) *Découvrez le Globish.* Paris: Eyrolles.

Other Sources
Jack Chambers, Toronto University linguist, as quoted in "Parlez vous Globish? Probably,

Recursos parciales

Consejo de Europa (2008). *Marco de Referencia Común Europeo para Idiomas: aprendizaje, enseñanza, evaluación.* Información: http://www.coe.int/T/D G4/Portfolio/?L=E&M=/ main_pages/levels.html , March, 17, 2009

Dlugosz, K. (2009) *English Sounds Critical to Global Understanding.* Pécs (Hungría): Universidad de Pécs.

Graddol, D. (2006). *English Next.* Londres: Consejo Británico.

Nerriére, J. P. (2004). *Don't speak English. Parlez globish!* Paris: Eyrolles

Nerriére, J. P., Bourgon, J., Dufresne, Ph. (2005) *Découvrez le Globish.* Paris: Eyrolles.

Otras Fuentes.
Jack Chambers, lingüista de la Universidad de Toronto, citado en "Parlez

even if you don't know it,"
Lynda Hurst, Toronto Star,
March 7, 2009

vous Globish? Probably,
even if you don't know it,"
Lynda Hurst, Toronto Star,
7 de marzo de 2009

Notes of appreciation:
Dr. Liddy Nevile, of La Trobe University in Melbourne, and our friend in One Laptop Per Child, contributed moral support -- plus extensive editing which made this book a lot better.

Agradecimiento
Dr. Liddy Nevile, de la Universidad de La Trobe en Melbourne y amigo nuestro en One Laptop Per Child, que contribuyó con su apoyo moral, además de un extenso trabajo de edición, lo que mejoró notablemente a este libro.

Web Sites with Globish Information

www.jpn-globish.com - Original Globish site (much of it in French)

www.globish.com - New Globish portal site

www.bizeng.net (2008 series of business articles written in Globish by David Hon.)

Sitios en la Web con información sobre Globish

www.jpn-globish.com - sitio original Globish (principalmente en francés)

www.globish.com – Nuevo portal de Globish.

www.bizeng.net (serie de artículos de negocios escritos en Globish por David Hon en 2008).

Meet the Writers and the Translator

Jean-Paul Nerriére

As a vice-president of IBM Europe Middle East & Africa, Jean-Paul Nerriére was noted worldwide for his foresight in urging IBM to sell services instead of "selling iron". With IBM USA as a Vice President in charge of International Marketing, he was also using and observing English – daily – in its many variations. Nerriére's personal experience the world over enlightened him to a not-so-obvious solution to the global communication problem – *Globish*. Recently this has resulted in his best-selling books on *Globish* in French, Korean, Spanish and Italian, and the word Globish being known everywhere.

Nerriére has also been knighted with the *Légion d'honneur*, the highest award France can give.

Conozca a los escritores y al traductor

Jean-Paul Nerriére

Como vicepresidente de IBM Europa, Oriente Medio y África, Jean-Paul Nerriére se hizo conocido mundialmente por su previsión al instar a IBM a vender servicios en lugar de "vender hierro". En esa posición, a cargo del marketing internacional de IBM USA, diariamente utilizaba y observaba el inglés en sus muchas variantes. La experiencia personal de Nerriére en todo el mundo lo iluminó sobre una solución no tan obvia para el problema de la comunicación global: *Globish*. Como resultado, en los últimos tiempos, los libros sobre Globish en francés, coreano, español e italiano fueron sus libros mas vendidos y la palabra Globish conocida en todas partes.

Además, Nerriére fue nombrado caballero de la *Légion d'honneur*, el máximo reconocimiento que otorga Francia.

David Hon

As a young man, David Hon jumped off helicopters in Vietnam and taught English in South America. He had an MA in English and thought that someday he would write about English as an international communication tool. However, a different direction, into the computer age, led Hon to develop the world's first realistic medical simulators. He won international awards and created a successful company, Ixion, to produce those computerized simulators.

A short time back, he came upon Nerriére's Globish ideas, and Hon knew that this book *in Globish* was the one he had intended to write long ago. Voilá…

David Hon

En su juventud, David Hon saltó de helicópteros enVietnam y enseñó inglés en Sudamérica. Tenía una maestría en inglés y pensaba que, algún día, escribiría sobre el idioma inglés como una herramienta para la comunicación internacional. Sin embargo, la era de la computación llevó a Hon en una dirección diferente que lo llevó a desarrollar el primer simulador médico realista del mundo. Ganó premios internacionales y fundó una compañía exitosa, Ixion, para fabricar esos simuladores computarizados.

Poco tiempo atrás, se cruzó con las ideas de Globish de Nerriére y Hon supo que este libro *en Globish* era el que había intendido escribir un largo tiempo atrás. Voilá...

Spanish Translation

After developing the first Spanish-to-Globish interactive online course for Globish Solutions Inc., Languageway Corp. was an obvious choice to translate Globish The World Over into their native Spanish.

Languageway is a Virtual School of Languages whose staff has developed the interactive course to suit the design requirements of Globish Solutions Inc. The staff of Languageway is conformed by officially qualified English and Spanish teachers and translators who have specialized in education, e-learning and instructional design and hold degrees from Argentine, American and European Universities.

Traducción al español

Después de desarrollar el primer curso interactivo en línea de español a Globish para Globish Solutions Inc., Languageway Corp. fue una elección obvia para la traducción de Globish The World Over a su español nativo.

Languageway es una escuela virtual de idiomas, cuyo personal desarrolló el curso interactivo para adaptarlo a los requisitos de diseño de Globish Solutions Inc. El personal de Languageway está formado por profesores y traductores de inglés y español calificados oficialmente, que se han especializado en educación, e-learning y diseño instruccional, y que han obtenido sus títulos en universidades argentinas, estadounidenses y europeas.

163

Side-by-Side Translations of: *Globish The World Over*

Chinese

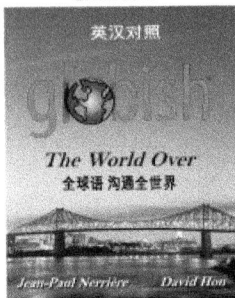

Translation by Luo Xi

Hungarian

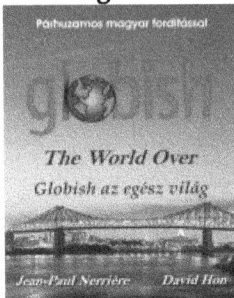

Translation by
Dlugosz Krisztina

Japanese

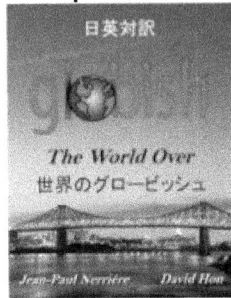

Translation by
Akiko Ishibashi
Jan Askhoj

Spanish

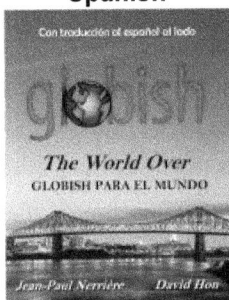

Translation by
Language Ways, Argentina

Dutch

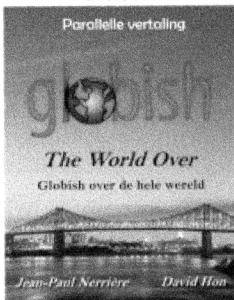

Translation by
Clare Herrema
Danielle Meijer, Pyt Kramer

Russian

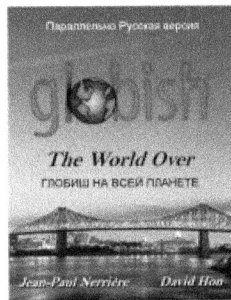

Translation by
Dobrenko Lidiya with
Alexander Lapitsky

Polish

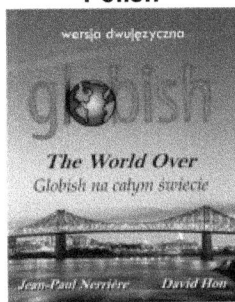

Translation by
Wioleta Antecka

The original *Globish The World Over* was the first book ever written in Globish. It is uncut, with more content for teachers and advanced students: five extra chapters on Best Practices, grammar and pronunciation, plus Obama's Inaugural Address translated side-by-side into Globish.

Globish

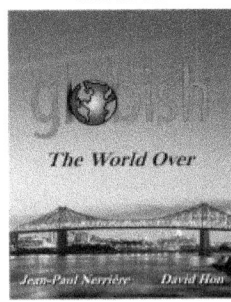

www.ingramcontent.com/pod-product-compliance
Lightning Source LLC
Chambersburg PA
CBHW061724020426
42331CB00006B/1079